Reinhold Messner

Die Alpen

Giganten der Natur

Reinhold Messner

Die Alpen

Giganten der Natur

GONDROM

INHALT

Die Alpen

Die Alpen – 1100 km lang, bis zu 260 km breit und 4810 m hoch – sind Europas größter Gebirgskamm. In dieser faszinierenden Bergkette, ein gebogener Höhenrücken zwischen dem Golf von Genua und Wien, hat das Bergsteigen seinen Anfang genommen und hier hat die Erforschung der Gebirge begonnen. Professor Leopold Kober, ein Geologe, nennt die Alpen »das geologisch wunderbarste Gebirge der Erde« und Edward Whymper, der Erstbesteiger des Matterhorns, wurde binnen weniger Jahre vom Zeichner zum Bergsteiger, um einen intensiveren Zugang zu diesen Höhen zu haben. Auch Johann Wolfgang von Goethe, der zweimal in die Schweiz reiste, hatte 1775 unter dem Gotthardpass ein starkes Verlangen nach den Höhen: »Welche Begierde fühl ich, mich in den unendlichen Luftraum zu stürzen, über den schauerlichen Abgründen zu schweben und mich auf einen unzugänglichen Felsen niederzulassen!«
»... Dieser Höhendrang wurde breiter und größer: Die Gefahr und die unendliche Großartigkeit des Hochgebirges in ihrer Vereinigung sind es, die uns dämonisch anlocken, weil wir die Reize der Bergwelt bis zur Neige gekostet haben, wenn wir uns durch Wind und Wetter nicht am Vordringen hindern ließen oder in unwirtlicher Höhe unser Nachtlager bereiteten. Wie sehr irren sich die, welche uns bei Betreibung unseres Sportes und der Liebe zur Gefahr nicht mehr die Liebe zu den Schönheiten der Natur zutrauen ...«, schreibt der siebzehnjährige Felsakrobat Georg Winkler 1888 und Willo Welzenbach, der bedeutendste deutsche Bergsteiger der Zwischenkriegszeit, schwärmt: »Da möchte ich mich hinsetzen und schauen, nichts als schauen, aufjauchzen möchte ich vor Freude und Glück; vor Freude über die Schönheit der Welt, vor Glück über die Erfüllung eines heiß ersehnten Wunsches. Und noch ein Gefühl eigener Art durchdringt mich: ein Gefühl höchster Genugtuung über eine vollbrachte besondere Leistung, wie es nicht jedem Bergsteiger zu empfinden beschieden ist.« Stärker noch kommt diese Naturverbundenheit bei Walter Bonatti durch: »Nach fünftägigem Ringen habe ich das Empfinden, als sei ich mit dem Berg zusammengewachsen und es sei mein Schicksal, ewig um einen unerreichbaren Gipfel kämpfen zu müssen. Zum ersten Mal bin ich mir bewusst, dass ich den Südwestpfeiler der Drus bezwungen und das ›Unmögliche‹ geschafft habe. Dadurch ist die psychische Sperre in meiner Brust gelöst und ich könnte weinen und lachen zugleich.«
Ich habe das deutliche Gefühl, dass es bei uns allen, die wir in die Alpen »vernarrt« sind, ähnlich ist wie bei dem großen Wissenschaftler Saussure, dem »Vater des Alpinismus« der 1787 am Gipfel des Mont Blanc stand: »Als ich die erhabenen Gipfel mir zu Füßen sah, erfasste ich ihre Beziehungen, ihre Zusammenhänge, ihren Bau und ein einziger Blick beseitigte Zweifel, die Jahre der Arbeit nicht hatten aufhellen können.«

Sich vorzustellen, wie die Alpen entstanden sind, wie sie wachsen und nun zerfallen, gehört für mich zum Bergerlebnis wie das Dahinspazieren, das Hinaufsteigen, der Sonnenuntergang.

S.2: Blick vom Pizzo del Costone zu den Corni di Nefelgiu, Formazzatal, Italien

► Aiguilles de Chamonix von der Aiguille du Tacul, Mont Blanc, Frankreich

◄ Seite 4, Pustertal, Tirol

Alle Menschen werden die Wahrnehmung machen, dass man auf hohen Bergen, wo die Luft rein und dünn ist, freier atmet und sich körperlich leichter und geistig heiterer fühlt. Mir dünkt, als nähmen die Gedanken einen Anflug von Größe und Erhabenheit an, stünden mit den Dingen, über die unser Blick schweift, in Einklang und atmeten eine gewisse ruhige Freude.

Jean-Jacques Rousseau

In den Eiszeiten waren viele Täler gefüllt mit Gletschern und mancher Höhenrücken war noch nicht zu sehen.

Blick vom Agassizhorn zum Wannenhorn, Schweiz

Die Gletscher wichen zurück, Felsgrate brachen durch, die heutige Landschaft wurde frei.

◀ Piz d'Argient und Piz Zupò. Vedretta di Fellaria Occidentale, Berninagruppe, Italien
▲ Vom Jöriflüelafurgga zum Jöriseen, Graubünden, Schweiz

ALS DAS EIS AUFBRACH UND DER SCHNEE SCHMOLZ, BEGANN DAS LEBEN.

▲ *Konkordiaplatz, Berner Oberland, Schweiz*
▶ *Steingletscher, Steinsee, Urner Alpen, Schweiz*

Zwischen Frühling und Herbst schob sich die Vegetation weiter und weiter nach oben.

▲ *Mont Blanc: Aiguille Noire de Peuterey, Val Veny, Italien*
► *Colle del Nivolet, Gran Paradiso, Italien*
►► *Allossee, Mercantour Nationalpark, Frankreich*

Und immer wieder zog die Reihe der glänzenden Eisgebirge das Aug und die Seele an sich ... Wenn sie dann erst selbst in der Reinheit und Klarheit der freien Luft mannigfaltig daliegen; da gibt man gern jede Prätension ans Unendlich auf, da man nicht einmal mit dem Endlichen im Anschauen und Gedanken fertig werden kann ...

Johann Wolfgang von Goethe

UND SO SIND DIE ALPEN ENTSTANDEN – MIT IHREN GIPFELN, GLETSCHERN, DEN WÄLDERN, DEN TÄLERN. EINE HARMONISCHE WELT ZWISCHEN WASSER UND WOLKEN.

Lotschental mit Lotschentaler Breithorn und Bietschhorn, Wallis, Schweiz

Urlandschaft

Das Eis schmilzt und fliesst in vielen Rinnsalen und Bächen talwärts.

Die Entstehung der Alpen ist mir beim Wandern durch wilde Schluchten, an steilen Felswänden kletternd und auf einsamen Gipfeln schneller aufgegangen als in der Schule. Besonders in den frühen Morgenstunden, wenn die Sonne die leichten Nebel durchbricht, oder am Abend, wenn das Licht- und Schattenspiel am intensivsten wird, verstehe ich oft intuitiv, wie alles gekommen ist, welche Kräfte hier am Werk waren, wie die Verwitterung die Alpen zerfrisst. Es ist, als ob ich bei der Schöpfung dabei sein könnte. Natürlich denke ich in solchen Augenblicken nicht an Daten, nicht an geologische Fakten, auch nicht an die Theorie über die Kontinentalverschiebung; aber ich sehe, erkenne Zusammenhänge, bin wie eingebettet in dieses Werden und Zerfallen.
So gesehen sind die letzten Urlandschaften in den Alpen ein Schlüssel zum naiv-intuitiven Verständnis der Welt und müssen als solche erhalten werden. Einen Überblick nur über die Entstehung der Alpen will ich hier geben, eine Art Schlüssel zum geologischen Verständnis der »Täler und Höhen«.
Der Bildungsablauf der Alpen gliedert sich zeitlich in zwei große Abschnitte: In einer ersten Zeitspanne – sie dauerte mehr als 100 Millionen Jahre – gelangten die alpinen Sedimentgesteine zur Ablagerung; in einem zweiten, viel kürzeren Abschnitt wurden diese Gesteine zu einer mächtigen Gebirgskette, den heutigen Alpen, übereinander geschoben, herausgehoben.
Diese beiden Zeitabschnitte bei der Entstehung der Alpen sind im geologischen Sinne von einer gegenseitigen Bewegung der Erdkruste gekennzeichnet. Im ersten, dem so genannten geosynklinalen Abschnitt, kam es zu Beginn der Trias (vor 220 Millionen Jahren) zur Absenkung des Untergrundes und zur Bildung eines überwiegend flachen Meeres, der Tethys. Dieses Geosynklinalmeer war im Erdmittelalter ein lang gestrecktes »Mittelmeer«, das sich vom heutigen Atlantik über den Atlas, die Pyrenäen, die Alpen, den Kaukasus, die Zagrusketten in Persien, den Himalaya und den indonesischen Archipel bis zum Pazifik erstreckte. Die Tethys trennte den alten euro-asiatischen Kontinent von Afrika und Indien. Im alpinen Bereich gliederten drei Schwellen dieses Meer in vier ost-west-gerichtete Teiltröge. In den vier Senkungen kam es im Laufe von rund 100 Millionen Jahren zu unterschiedlichen Meeresablagerungen: Küsten- und Lagunensedimente, mächtige Riffbildungen. Solche Sedimente sind heute nahezu unverändert in den Nördlichen Kalkalpen oder in den Südtiroler Dolomiten sichtbar. Die marine Überflutung, die mit Beginn der Trias einsetzte, hielt in den Alpen generell bis in die Unterkreide (vor ca. 130 Millionen Jahren) an, lokal auch bis in das ältere Tertiär (vor ca. 60 Millionen Jahren).
In der Oberkreide (vor 140 bis 150 Millionen Jahren) begann die eigentliche Gebirgsbildung. Die Ursache dafür dürfte ein Anschub des afrikanischen Kontinents an den damaligen europäischen Kontinent gewesen sein. Die im Meer abgelagerten Sedimente, die bis zu 1000 m mächtig waren, wurden infolge dieses Anschubs von ihrer Unterlage abgetrennt, zerbrochen, gefaltet und wie Decken übereinander geschoben. Dadurch gelangten häufig ältere, im Meer früher abgelagerte und ursprünglich tiefer liegende Gesteine über jüngere Schichten zur end-

gültigen Lagerung. An Stellen mit besonders starker Überlagerung wurden die Gesteinspartien hohem Druck und Temperaturen bis zu mehreren hundert Grad Celsius ausgesetzt. Die Gesteine passten sich an diese veränderten Bedingungen durch eine Veränderung ihres Mineralgehalts an, es kam zu Umwandlungen. Dieser Vorgang wird von Geologen als Metamorphose bezeichnet. Auf diese Weise sind aus »weichen«, tonreichen Gesteinen (Sedimentgesteine), wie sie heute noch z. B. im südalpinen Bereich vorliegen, die harten Gneise (Umwandlungsgesteine) der Zentralalpen entstanden.
Verbunden mit den gewaltigen Bewegungen der Deckenüberschiebungen drangen aus tieferen Bereichen schmelzflüssige Gesteinsmassen in höhere Deckenpartien auf. Diese Intrusionen schmolzen manchmal höhere Deckenpartien mit ein und erstarrten schließlich. Ein Beispiel dafür sind die Granitmassen des Bergell (vulkanische Gesteine).
Die zunehmende Einengung bewirkte schließlich, dass der gesamte Alpenkomplex stark herausgehoben wurde und damit auch der Erosion durch Witterungseinflüsse ausgesetzt war. Die Abtragung durch Witterungseinflüsse in Verbindung mit Härteunterschieden der Gesteine führte vor allem an Deckengrenzen (tektonische Grenzen) zur Bildung der heutigen Talsysteme und formte zusammen mit den eiszeitlichen Gletschern die Alpen zu ihrer heutigen Gestalt.
Der Mensch hat mit der Rodung, der touristischen und industriellen Erschließung aus dieser Urlandschaft eine »Kulturlandschaft« geschaffen, damit aber auch das Bild und den Charakter der Alpen gestört.

Miagesee, Mont Blanc, Val Veny, Italien

Die Wasser vor allem sind es ..., ob sie zu Eis erstarrt sind und sich langsam wieder tropfend und quillend wandeln, ob sie in kristallener Weiße die Gipfel und Kämme decken und donnernd zu Tal gehen ..., ob sie in wilden Fluten vermurend über die Hänge stürzen und durch die Klausen brechen, ob sie im raschen Lauf der Gebirgsflüsse durch die Täler strömen ...

Hans Leifhelm

Aus Sturzbächen werden Wildbäche.

Monte Emilius, Aostatal, Italien

Auf ihrer abenteuerlichen Reise stossen sich die Wildbäche die Hörner ab, werden zunehmend erwachsen und zahmer und fliessen schliesslich gemächlich oder majestätisch in einen See oder ins Meer.

Die Salzach, Steiermark, Österreich

WOLKEN ZIEHEN AUF: DIE ALPEN ERWARTEN REGEN, GEWITTER, SCHNEE.

◀ *Ortlergruppe, Italien*
▶▶ *Pale di San Martino, Dolomiten, Italien*

Die Jahreszeiten, das wechselnde Wetter, Hitze und Frost beeinflussen und verändern die Landschaft der Alpen.

Blick zum Monte Berlinghera, Lombardei, Italien

... alles ist im Augenblick vergessen und macht dem Gefühl der reinsten Freude und Unbekümmertheit Platz, das nur der Bergsteiger empfinden kann, der je seine müden Glieder auf sonniger Höhe und in einem stillen, windgeschützten Winkel von sich gestreckt hat. Jeder leiseste Gedanke an Schmerz und Sorgen ist entschwunden und das Glück, nach dem man so oft im Leben umsonst gehascht hat, sitzt plötzlich friedlich zwischen den granitenen Zinnen und blickt einem lächelnd in die Augen.

Albert Frederic Mummery

DAS WASSER SCHWEMMT DIE ALPENTÄLER AUS, ALS EIS SPRENGT ES DIE FELSEN.

Tieftalsee, Samnaungruppe, Tirol, Österreich

Eis, Wasser und Wolken

Felsplatten, auf dünnem Eisstiele aufsitzend, riesigen Pilzen gleich, Gletschertische geheißen. Verlassen standen sie umher, als hätte das Tageslicht Eismänner und Salige Fräulein von nächtlich üppiger Tafel gescheucht. Da mochte es hoch hergegangen sein, war doch manch einer zur Seite geneigt, unter der Last köstlicher Speisen und eisigen Trunkes. Nüchterne Forscher freilich ahnten nichts vom heimlichen Leben der Eiswelt. Sie schrieben es dem Abschmelzen zu, bei dem die Sonne auf der Südseite den Sockel fraß. Mit diesen Worten beschreibt Georg Freiherr von Ompteda im Jahre 1909 eine Gletscherlandschaft in den Alpen.

Aus dem 16. und 17. Jahrhundert gibt es zahlreiche erschütternde Berichte von Überschwemmungen in einzelnen Alpentälern, hervorgerufen durch die Ausbrüche von Seen, die durch vorstoßende Gletscher aufgestaut wurden. Schon früher jedoch wurde der Wert der Gletscher als Wasserspeicher erkannt. Im Vintschgau und im Wallis kann man heute noch die Reste alter Bewässerungskanäle hoch über dem Talboden sehen. Den Gletschern ist es mit zu verdanken, dass die niederschlagsarmen inneren Alpentäler grün und fruchtbar sind.

Die Vergletscherung in den Alpen beträgt rund 3600 km^2; davon entfallen ca. zwei Drittel auf die Westalpen, ca. ein Drittel auf die Ostalpen. Der größte Alpengletscher ist der Große Aletschgletscher in den Berner Alpen; die größten Gletscher der Ostalpen sind das Pasterzenkees in den Hohen Tauern und der Gepatschferner in den Ötztaler Alpen. Der häufigste Gletschertyp in den Alpen ist der Talgletscher, der seinen Ursprung meist in hoch gelegenen Firnmulden hat und durch das darunter liegende Tal bis weit unter die sommerliche Schneegrenze fließt. Man gliedert ihn in Firnfeld und Gletscherzunge. Mehrere Gletscher, die aus getrennten Firnmulden kommen, können sich zu einem Eisstrom vereinigen. Die Gletscherbewegung ist eine Bewegung eigener Art, zusammengesetzt teils aus Gleiten, teils aus zähem Fließen; sie wird als plastisches Gleiten bezeichnet. Sie ist eine kontinuierliche, ununterbrochene und langsame Bewegung; sie nimmt im Allgemeinen mit der Gletschergröße zu. Auch das Gefälle hat Einfluss auf die Geschwindigkeit der Gletscherbewegung. Die Durchschnittsgeschwindigkeit der Alpengletscher beträgt ungefähr 60 m im Jahr.

Die unregelmäßige Gletscherbewegung und der ungleiche Untergrund sind die Ursachen für die Entstehung von Gletscherspalten. Wird das Felsbett des Gletschers steiler und nimmt daher seine Geschwindigkeit zu, so bilden sich Querspalten; sie sind gletscherabwärts leicht konkav und übersteigen als keilförmige Risse selten eine Tiefe von 30 m. Fließt der Gletscher über eine sehr steile Geländestufe, entsteht ein Eisbruch mit riesigen Eisquadern und Zacken (Séracs). Moränen und Gletscherschliffe sind sichtbare Beweise für die Verwitterung. Moränen sind Schuttablagerungen; mit Lawinen, Muren, Bergstürzen und Rutschen kommt Schutt auf die Gletscher; im Firngebiet wird dieser Schutt fortwährend mit Schnee bedeckt und gelangt so ins Eisinnere. Der Gletscherstrom drängt die Steine wieder an den Rand, wo sie sich als Moränen ablagern. An den Moränen lassen sich somit die früheren Gletscherhochstände leicht feststellen. Um 1850 war der letzte Hochstand; kurz danach begann der allgemeine Rückzug der Gletscher, unterbrochen durch kurze Vorstoßphasen um 1890 und 1920. Seit 1930 ist jedoch der Rückzug der Gletscher besonders stark und ohne Unterbrechung im Gange.

Nur etwa 10 bis 40 cm schieben sich die Alpengletscher täglich talwärts – und dennoch genügt die unablässig wirkende Gewalt der Eismasse zur Bildung von immer neuen Spalten, zum Einsturz von Eismauern. Während der Eiszeit bedeckten die Gletscher mehrmals bis zu 70 Prozent der Alpen. Durch ihre schürfende Bewegung und die Frostsprengung sowie das Fehlen eines schützenden Pflanzenkleides war in der Eiszeit die Abtragungsrate wesentlich höher als heute. Doch nicht nur durch die Gletscher verändert sich die Gestalt der Alpen; ihr Gestein wird auch vom Wetter angegriffen und zerstört. Ausdehnen und Zusammenziehen als Folge des täglichen Wechsels von Sonnenbestrahlung und nächtlicher Abkühlung lockern das Gesteinsgefüge. Das Niederschlagswasser dringt in feine Risse und Klüfte ein und erweitert sie beim Gefrieren stetig, bis ganze Türme vom Hauptmassiv abgesprengt werden. Das große Gefälle der Gebirgsflüsse hat eine hohe Strömungsgeschwindigkeit zur Folge. Die Flüsse schneiden sich in den Untergrund ein und entfernen damit weiteres Gestein aus den Tälern. Diese linienhaft wirkende Erosion bewirkt zusammen mit der flächenhaft wirkenden Denudation, dass das Gebirge langsam abgetragen wird. Durch chemische Verwitterung zersetzt sich das Gestein in seine Bestandteile. Überall, wo in den Alpen Kalkstein an die Oberfläche kommt, kann man an ihm Lösungsspuren sehen, die Karren oder Schratten genannt werden. Diese Lösungsverwitterung des Kalksteins führt zu Oberflächenformen, die als Karst bezeichnet werden. Ist das Gelände geneigt, so folgt das Verwitterungsmaterial der Schwerkraft. Am Fuß von Steilwänden sammeln sich Schutthalden. Fließendes Wasser transportiert den Schutt aus dem Gebirge.

Georg Freiherr von Ompteda schilderte die eben erklärten Vorgänge so: »Wasser und Sonne kämpften in diesen zermorschten Felsen, in Wechselwirkung vereint, die Kalkplatten zu sprengen, und durch ihre Töchter, Hitze und Kälte, ihre Söhne, Regen und Sturm, hinabzustürzen in die Tiefe. Sie fraßen in die glatte Haut der Berge Kamine ein wie Runzeln, sie zermorschten den weißen Dolomit zu roten, fauligen Stellen, als ob eine alternde Schöne die Farbe der Jugend verliere, sie ließen den schmelzenden Schnee niederrinnen, dass der Leib der Felsen schwarz ward, gleich einem dunklen Trauerkleide. Dann brachen Wände herunter, Nadeln stürzten ab, als weite Karrenfelder die Mulden füllend. All das Gestein mählich zerbröckelt ward, von den Himmelswässern in Rinnsalen, Bergbächen, Flüssen, Strömen in die Weltensee fortgetragen, die Mündungen verflachend, das Meer ausfüllend einmal. Das Meer, aus dem die Wasser in die Lüfte steigen, um wiederkehrend ihre Todesarbeit an den großen Höhen zu tun: ein ewiger Kreislauf.«

Jeder Berg hat seine Stunde, wo er ganz besonders schön ist: Es ist nicht der Mittag, denn dann sind die Berge ganz erdrückt vom Licht. Es ist die Zeit der Morgen- und der Abenddämmerung, wenn die Sonne die Berge zum Leben erweckt oder sie flieht.

Gaston Rébuffat

Diese zarten, warmen Farben im Frühling, das intensive Licht! Zwischen Morgenlicht und Abendrot verändern sich die Felsgestalten fortwährend in Form, Kontur und Farbe.

Karersee und Latemar, Italien

▶▶ Rosengarten, die westliche Seite, Italien

Im Winter ist der Himmel in den Alpen anders als im Sommer.

Sonnenuntergang am Mont Blanc vom Mont Joly, Frankreich

Während des ganzen Sommers hat der Bergsteiger Gipfel um Gipfel bestiegen. Nun entfaltet sich der Herbst in seiner ganzen Pracht auf den Almen, in den Tälern, auf den Gipfeln. Wenn seine Farben verblassen, entdeckt man ein Leben, das vergeht – großartig, goldbraun, flammend, schwermütig.

Gaston Rébuffat

Im Herbst sind die Farben in den Tälern intensiver als auf den schon kalten Höhen. Aber auch im Tal zieht bald der Winter mit seiner lebensfeindlichen Kälte ein.

Lärchen im Herbst, Jungfraugebiet, Schweiz

Licht und Jahreszeiten

Es ist, als entzünden sich die Berge mit einem Male. Und rasch vergrößert sich das Licht. In feurigen Wellen flutet es an den Riesen herab, die plötzlich in ungeahntem Glanz hervortreten. Und die Röte wächst zu feuriger Glut, ein Meer von Flammen brennt über dem dämmernden Tal, und es ist, als könne es nicht mehr heller sein. Da schießt ein schmaler, goldener Pfeil über den Firnkamm dort herüber, und majestätisch in scheinbar übernatürlicher Größe schwebt der strahlende Lichtball in den Himmel hinein. Ein flimmerndes Zittern beginnt, beinahe greifbar dicke Strahlen durchschneiden die Luft und tauchen alles in eine ganz ungeahnte Helle, Farbenpracht und Plastik. So sah Theodor Wundt 1916 eine Morgenstimmung in den Alpen.

Faszinierend anzuschauen sind die Berge, in wechselndes Licht getaucht, das sie scheinbar auch selbst ausstrahlen; und faszinierend sind zugleich die Empfindungen, die sie in uns Bergsteigern wachrufen: »Wie eine Meereswoge schlägt die Lichtflut und die unermessliche Fülle des Neuen plötzlich über dem Haupte des Bergsteigers zusammen, der aus blickbeengter, schattiger Rinne nun mit dem letzten Schritte den sonnenumjubelten Gipfel betritt. Ich werfe mich in den Schnee und schaue, erkenne, schaue! Einem halbgelesenen Buche gleich blättert sich die vielgestaltige Welt der Ostalpen vor mir auf: Dort manch wundervolles und raues Erlebte, lyrisch nachtönende Stunden und aufregende Minuten, hier noch unbekannte Buchseiten voll ersehnter auch gefürchteter, dunkel verhüllter Rätselschicksale. Mein müsst ihr noch werden, ihr Großen alle, in Gutem oder in Bösem, und koste mich's Mühe, Leid und Gefahr!« Dieser Lammer'sche Gefühlsüberschwang klingt für uns heute fast kitschig, übertrieben. Vielleicht nur deshalb, weil wir unsere Gefühle und Empfindungen anders ausdrücken, als die Pioniere sie vor fast 100 Jahren ausgedrückt haben? Oder haben wir es überhaupt verlernt, unseren Empfindungen freien Lauf zu lassen, in »Gefühlen zu schwelgen«? In unserer technisierten, hektischen und rational ausgerichteten Welt ist nur wenig Platz für – meist unproduktive – Gefühle. Die Berge bieten uns eine Möglichkeit, unsere Empfindungswelt reicher und vielfältiger zu erleben, wir müssen nur offen dafür sein und Platz haben für authentische Erlebnisse.

Als Kind von fünf Jahren hatte ich ein Erlebnis, das mir heute noch lebendig ist, das mir diese »Offenheit« verlieh. Ich stand völlig allein und mein Körper bildete den Mittelpunkt einer riesengroßen, leeren Arena aus Fels, Wald und Almböden. Die Stille um mich war perfekt und doch gab es da viele seltsame Geräusche, die in meinem Kopf eine Brücke schlugen zu den Felswänden, von denen ein fernes Rauschen kam, zu den Schluchten, durch die dann und wann der Steinschlag niederging, zu den Zirbeln am Wiesenrand, deren Zweige sich im Abendwind beugten. Der Horizont um mich herum war ein hoher, zerrissener Kranz von Bergen; der Himmel darüber von dieser weichen, fast farblosen Helligkeit der ersten Abendstunden. Diese Minuten waren es, die die Alpenlandschaft für mich zur erregendsten Welt unserer Erde werden ließen.

Ein unbeschreibliches Gefühl der Verlassenheit und zur gleichen Zeit der Wunsch der Dazugehörigkeit fasste mich an. Ich hatte plötzlich das Empfinden für räumli-

che und zeitliche Dimensionen verloren und auch meine inneren Maßstäbe lösten sich auf. Von den Gipfeln schien mich unendliche Entfernung zu trennen, unüberwindliche Höhen, Ewigkeiten. In Pausen der absoluten Stille konnte ich sogar die Geräusche hören, die der Wind zwischen den kleinen Steinen und Gräsern am Boden hervorbrachte. Ich hörte meinen eigenen Herzschlag und das Pulsieren meines Blutes in den Adern. Schauer der Angst und der Erleichterung gingen durch mich hindurch, abwechselnd sich in immer kürzeren Abständen wiederholend. Ich hatte auf dieser Almkuppe das Gefühl für meine Herkunft und auch die Richtung für den Weiterweg verloren und war so beunruhigt darüber, dass ich eine Zeit lang wie gelähmt dastand.
Dieses Erlebnis am Fuße meiner heimatlichen Dolomitenberge hat mir eine neue, nicht alltägliche Welt vor Augen geführt, die ich weder verstehen noch begreifen konnte. Sie war einfach da und instinktiv muss ich damals gewusst haben, dass ich in dieser Landschaft eine neue Identität finden würde. Damals habe ich mit dem Bergsteigen begonnen, das mich in dreißig Jahren in alle fünf Kontinente und auf zweitausend Gipfel geführt hat, das mich verkürzt viele jener Erfahrungen machen ließ, die Bergsteiger in den Generationen vor mir schon gemacht hatten.
Und obwohl ich höhere Gipfel und gewaltigere Gebirge kennen lernte, kettet mich eine unsichtbare Kraft an meine Heimat, an die Berge der Alpen – dorthin, wo ich aufgewachsen bin und zum ersten Mal mit dieser faszinierenden Welt aus Eis und Schnee, Sonne und Licht, Fels und Leben in Berührung kam. Immer wieder bin ich in die Alpen zurückgekehrt, immer wieder bin ich auf ihre Gipfel gestiegen, auf leichten und auf schweren Wegen, so groß aber wie im Kindesalter sind mir Berge später nie wieder erschienen.

Savica-Wasserfall und Bohinj-See, Triglav Nationalpark, Slowenien

»Die Fichtengruppen zeugen vom gewaltigen Titanenkampf zwischen Wald und Hochgebirgsnatur. Die Bäume sehen aus wie kriegsmüde, zerzauste Landsknechte und der Boden, aus dem sie sich emporringen mussten, gleicht einem Gletscher aus Stein und Fels. Lerne aus diesem ergreifenden Kampf ums Dasein für dein Leben!«

Janko Sterlep

Pflanzen- und Tierwelt waren in den Alpen heimisch, bevor der Mensch zum ersten Mal seinen Fuss in diese Region setzte.

Blick zum Mont Blanc und Grandes Jorasses, Italien

Schneeheide
(Erica carnea)

Stengelloser Enzian
(Gentiana acaulis)

Heidelbeere (Vaccinium myrtillus)

Frühlings-Küchenschelle (Pulsatilla vernalis) mit Alpen-Troddelblumen (Soldanella alpina)

Kleiber (Sitta europaea)

Steinböcke (Capra ibex)

Waldkauz (Strix aluco)

Ziegen im Grosinatal, Italien

»Dort, wo der letzte Schnee, schon zu gläsernen, sterbensreifen Körnern geworden, neben dem Wege schmilzt, bleib ich noch einmal stehen: Da liegt die Weisheit der Welt wie in Gottes geöffneter Hand am Wege: Ein unfassbares Blumenwunder, leuchtend und lachend, inmitten des winterlichen Totenkranzes, den der vergehende Schnee um diese verheißende, lebenkündende Lieblichkeit legt. Aus der wintertoten Erde, gestern wohl noch zugedeckt von Kälte und Schnee, sprießt es und sprosst.«

Hans Ertl

Die Bauern in den Alpen bauen ihre Hütten auf die Wiesen und Almen, und das ist ihr Lebensbereich.

Alpe Veglia und Monte Leone, Lepontinische Alpen, Italien

Pflanzen und Tiere

Beim Aufstieg ins Hochgebirge durchwandert man den kühlen, dunklen Bergwald, das Gebiet der Latschenkiefern und Zwergsträucher, die Hochweiden und zuletzt die hochalpinen Grasheiden am Fuße der Geröllströme, die Zeugen unentwegter Zerstörung und Abtragung durch Wind und Wasser, Frost und Sonne sind. Höher oben am Berg gibt es nur noch Polsterpflanzen; zwischen Schutt und Fels, winzige, arktisch-alpine Baumzwerge, Moose, die aus jeder Spur von Feinerde, jedem in irgendeine Felsritze verwehten Bodenkrümchen noch Nahrung ziehen. Über ungefähr 3000 m gebietet der ewige Schnee dem Leben Halt. Nur Algen und Ur-Insekten gibt es noch. Zwischen den Kulturen des Tales, die mit den letzten Weinbergen etwa bei 600 m und den höchsten Getreidefeldern bei 1600 m ihre obere Grenze erreichen, und dem ewigen Schnee fügen sich die einzelnen Vegetationszonen wie Gürtel ein, die das Gebirge umgeben. An die Kulturzone schließt sich der Laubwaldgürtel an; er reicht ungefähr bis 1300 m. Darüber beginnt der Nadelholzgürtel, der an der Nordseite der Alpen bis auf etwa 1800 m reicht, an der Südseite oft sogar eine Höhe von 2200 m überschreitet. Der Legföhrengürtel, das Gebiet des Knieholzes, der Latschenkiefern, schließt sich an. Das Knieholz kann bis 2400 m reichen; es geht – oft schon erheblich niedriger – in den Zwergstrauchgürtel über, der bei 3400 m seine obere Grenze hat. Polsterpflanzen lösen die Zwergsträucher ab: Edelweiß, Moose, Flechten und Algen sind in den Alpen die letzten Pioniere des Pflanzenreiches, die in den ewigen Schnee hineinreichen. Dazwischen liegen die Hochalmen und Matten, das Sommerland der bäuerlichen Hirten. Hier finden wir einige der schönsten Alpenblumen.

Auf den eingesprengten oder bergwärts angrenzenden Hochweiden, den Almen, gibt es viele Pflanzengesellschaften. Da bei der Mehrzahl der Pflanzen Stängel und Blätter klein sind, Letztere also dichter stehen als bei den entsprechenden Arten des Flachlandes, erscheinen auch die Blüten enger aneinander gedrängt, ist der Blütenteppich oft ungleich schöner. Die dünnere Luft der Höhe lässt zudem, mit der Ebene verglichen, ein Vielfaches an Licht hindurch, und dieses starke, an ultravioletten Strahlen reiche Licht soll zusammen mit den niedrigen Temperaturen eine Vermehrung der kleinen Farbkörperchen in den Pflanzenzellen bewirken. So sei es zu erklären, dass die meisten Alpenblumen viel satter und tiefer gefärbt erscheinen als ihre Schwestern in der Ebene. Dazu kommt, dass hier manche Pflanze einen so süßen Duft ausströmt, wie er in der Ebene kaum oder gar nicht wahrnehmbar ist.

Wie die Pflanzen müssen auch die Tiere der alpinen Region mit den Härten des Klimas leben. Vor allem müssen sie widerstandsfähig gegen Kälte sein, im jahreszeitlichen Rhythmus Fett auf- und abbauend, dem die Alpen überflutenden Tourismus und den Naturgewalten trotzen. Die Artenzahl nimmt nach oben ständig ab. Die vielen Falter, Käfer, Heuschrecken und Spinnen sind in den mittleren Bergregionen häufige Wegbegleiter für den aufmerksamen Wanderer. Auf den Almböden und am Fuß der Wände hausen Murmeltier und Alpenspitzmaus. In den Gletscherbächen und Quellen findet man an der Unterseite der Steine überall den Alpenplattwurm, der als ein Relikt aus der Eiszeit gilt. Nur zwei flügellose Ur-Insekten halten selbst in Schnee und Eis aus: der Schneefloh und der Gletscherfloh. Latschenregion und Fels sind das Revier der Gämse. Mit staunenswerter Leichtigkeit bewegt sie sich selbst an sehr steilen Stellen hangauf und scheinbar mühelos flieht sie in weiten Sprüngen bergab. Der Alpensteinbock, nicht zuletzt seines wunderbaren Gehörns wegen jahrhundertelang schwer verfolgt, wurde stellenweise schon ausgerottet; dasselbe gilt für den Steinadler, den Alpensalamander. Nur Schongesetze haben ihre Erhaltung gesichert.

In den Alpen gibt es inzwischen zum Glück einige Naturschutzgebiete, in denen Tier- und Pflanzenwelt möglichst ungestört erhalten werden sollen, in denen Isolate geschaffen wurden als natürlicher Lebensraum für Pflanzen, Tiere und Menschen.

Aber auch an dieser Stelle muss ein mahnender Finger erhoben werden. Obwohl der Alpenraum ein eher raues Klima aufweist und die Meinung aufkommen könnte, Fauna und Flora seien dadurch abgehärtet und unempfindlich, so haben die Naturforscher längst erkannt, dass gerade in klimatisch extremen Gebieten die geringste Störung in der Ökologie, in der Beziehung der Tiere und Pflanzen zueinander unübersehbare und nicht mehr gutzumachende Folgen haben kann. Was sich in Jahrmillionen entwickelt hat, hat seinen Sinn und seine fest gefügten Naturgesetze. Die Ausrottung der einen Art zieht in der Regel das Sterben einer anderen nach sich. Das kann der Mensch mit all seiner Technik, seinen Entdeckungen, seinen Erfindungen nicht ausgleichen. Es scheint, als ob die Zahl derer, die diese Zusammenhänge erkennen, zunimmt

Fliegenpilz (Amanita muscaria)

und dass die helfende Hand des Menschen der zerstörenden Einhalt gebietet. Es ist zwar traurig, dass an jedem öffentlichen Gebäude, an Bus- und Bahnstationen Tafeln aufgehängt werden müssen, die dem Touristen sagen, welche Pflanzen geschützt sind, aber es ist unumgänglich. Und wenn der Mensch mit Hilfsmitteln wie dem Hubschrauber dem im strengen Winter bedrohten Wild Nahrung zukommen lässt, so ist dies nur recht und billig angesichts des Unrechts, das er der Tierwelt in der Vergangenheit angetan hat.

Was ich bei den Bergbauern in den Alpen und im Besonderen bei den obersten Villnösser Bauern immer wieder entdeckt und bewundert habe, ist eine Harmonie, die sich überall widerspiegelt: in den Gehöften, den Zäunen, der Anlage der Äcker und im jahreszeitlichen Rhythmus der Arbeit. Es ist wohl die ungestörte, gewaltige Umgebung, die die Welt des Bergmenschen prägt, eine Welt, in der auch Sitten und Lebensregeln in Einklang stehen mit dem Alltag der Menschen.

Reinhold Messner

Noch ehe die ersten Touristen in die Alpen kamen, hatten die Bergbauern die bewaldeten Höhen und Bergrücken in Besitz genommen.

Coderatal, Italien

Stege, Wege und Brücken entstanden nicht für die Touristen; die Bergbauern legten sie für ihren eigenen Gebrauch an.

◀◀ St. Magdalena im Vilnösstal, Italien
◀ Römische Brücke, Darengotal, Italien

Bauernhöfe und Almhütten gehören zur Kulturlandschaft der Alpen wie die dort zu findenden Kirchen, Kapellen und Bildstöcke.

▲ *Antagnod im Ayas-Tal mit Monte Rosa-Gruppe, Italien*
▶ *Vom Rittner Hochplateau zum Schlern und St. Nikolaus, Italien*

Zwischen Saat und Ernte lebt der Bergbauer als Ureinwohner der Alpen seinen Rhythmus.

▲ ***Bauer bei der Arbeit, Italien***
► ***Studor, Slowenien***

Es gibt heute noch eine ganze Reihe von Siedlungen, die ihren ursprünglichen Charakter bewahrt haben: Die typischen Farben der Hauswände, die Steindächer, die Umfriedungen, die Zäune gehören dazu.

Rosed, Bavonatal, Schweiz

An den Mauern der Kirchhöfe ist sichtbar der Drang, zu umgürten, zu umfrieden, zu verteidigen. An den Bildstöcken erfährt der Wandernde es, wenn sie sich gleich den steinernen Gipfelmalen der höchsten Kuppen in den Berg einrammen.

Hans Leifhelm

WIE DIE WIEGEN, SO WERDEN AUCH HEUTE NOCH DIE GRABKREUZE IN VIELEN BERGDÖRFERN VON HAND GEFERTIGT.

Friedhof von Colfosco, Kolfuschg im Sandertal, Alta Badia, Italien

Kultur und Natur

Aus dem Wechselspiel schöpferischer Kräfte erbaut sich das Bild der irdischen Welt. In unermesslich scheinenden Zeiträumen vollzieht sich der Wandel der Erde. Mit seiner Siedlung und Arbeit wirkt der Mensch mit am Bild der ihn umgebenden Welt. So schreibt Hans Leifhelm und wer je das Glück hatte, durch einsame Alpenweiler zu schlendern, muss über die Architektur, die da oben vielfach ohne Architekten entstanden ist, gestaunt haben. Dieser Sinn für Formen und Proportionen! Als sei alles mit der Hand geformt.

Es ist heute schon sehr schwierig, diese ursprüngliche Baukultur zu finden, und es wird immer schwieriger, das wenige noch Erhaltene zu retten. Touristische und industrielle Interessen, nicht zuletzt auch die gleichmacherischen Vorschriften vieler verbürokratisierter Landschaftsschutzorganisationen hemmen ein freies, individuelles Bauen in den Alpen, hemmen damit die schöpferische Kraft des Einzelnen, die Möglichkeit des Bauern, seine Landschaft selbst zu gestalten.

Überall dort, wo die Bergvölker keinem oder nur geringem Einfluss von außen ausgesetzt sind, ist ihre Bauweise harmonisch, vollkommen, perfekt in den Proportionen. Dies gilt für die alten Südtiroler Bauernhöfe, die Häuser im Bergell und die Steinhütten der Val d'Aostaner gleichermaßen. Bei all diesen Bauten wurden keine Grundrisse gezeichnet und keine Berechnungen angestellt; vielleicht hat der Bauer aus einiger Entfernung die Ausmaße festgelegt oder nach Augenmaß bestimmt, wie weit das Dach vorgezogen werden muss. Dies allerdings erst, nachdem der beste Platz für das Haus auf dem zur Verfügung stehenden Grundstück bestimmt worden war. Ohne einen Architekten zu befragen, hat der Bauer, der in diesem Fall Bauherr und Handwerker in einer Person war, seine Gebäude der Umgebung und dem Baustil des entsprechenden Tales angepasst, wie es einstmals der große Architekt Palladio getan hat, der seine Villen in die Hügel und vor die Berge gestellt hat, als wären sie eins mit diesen.

Die eingeborenen Nichtarchitekten der Alpen haben aber nicht nur ihr eigenes Heim harmonisch gebaut, sie haben überdies das Dorf, die Berghänge und die Hochflächen als Ganzes gesehen und als Ganzes gestaltet, ohne dies vorsätzlich zu wollen. Wenn die Häuser am Hügel von St. Magdalena im hintersten Villnösstal in einem Halbrund an der Berglehne aneinander gereiht stehen und die flache Mulde als Ackerland freiliegt, so ist das, wenn auch im Kleinen, perfekter Städtebau. Ebenso ist ein seit Jahrzehnten belassener Weiler in Südtirol mit all den Hecken und Holzzäunen, Äckern und Wiesen, Waldstücken und Gehöften ein Stück Kulturlandschaft, wie sie selbst der beste Gartenarchitekt nicht so vollkommen ersinnen könnte.

Es ist nicht allein die Anlage eines Gehöfts, die für ein Bergtal typisch ist, auch die Raum- und Sitzordnung im Inneren ist meist Tal für Tal ein und dieselbe. Damit will ich sagen, dass im Kleinen wie im Großen alles seine Ordnung hat. Diese Ordnung hat sich – wie auch die Bauform – auf Grund der klimatischen Bedingungen, der Bodenerträge und der nächsten Umgebung herausgebildet.

Überall in den Berggebieten haben sich durch jahrhundertelange Erfahrung Baustile entwickelt, die zu den entsprechenden Tälern gehören wie die Bäume, die dort seit Jahrhunderten wachsen. Überall hat man gelernt, die reichen Möglichkeiten des Holzes, der Steine und des Lehms zu nützen. Jetzt aber beginnt ein weltweiter Zerfall dieser ursprünglichen Architektur.

Der Bergbauer will nicht mehr wie ein Bauer wohnen, sondern wie der Städter oder Eigenheimbesitzer, den er in den Niederungen oder im Fernsehen gesehen hat. Sein Haus baut er mit vorfabrizierten Fertigfenstern, den Kunststeintreppen und einem Blechdach. Anstatt die vielfach notwendigen Neuerungen unter das alte Dach zu bringen, wird vielfach das Alte niedergerissen und nach städtischem Vorbild neu gebaut.

Die falschen Vorbilder beginnen viele Berggebiete zu verderben; die alten, stolzen, formvollendeten Bauformen müssen vielerorts »moderneren« weichen. Und es ist, als ob auf uniformierten, unpersönlichen Bauten ein unheilvoller Geist auf ihre Bewohner einzuwirken beginnt. Das ursprüngliche Leben in den Bergregionen war entbehrungsreich und hart. Aber es schmiedete die Menschen zusammen, es forderte unabdingbar die Teilung von Leid und Freud. Der Glaube an den Sinn des Lebens im Gebirge war unerschütterlich, das Gefühl der Zusammengehörigkeit tief geprägt. Reichtümer waren unter diesen Bedingungen nicht aufzuhäufen, aber Zufriedenheit und Glück bildeten einen auf der Basis der Bescheidenheit gründenden Faktor, der mehr als nur Ersatz darstellte. Glück und Zufriedenheit suchten und suchen wohl auch die begüterten Menschen aus der Ebene, wenn sie ihre Ferien in den Bergen verbringen. Damit aber tragen sie ihren Wohlstand mit in die Täler und auf die Höhen und hinein in ein einstmals zwar armes, aber intaktes Ge

meinwesen. Die Bergbauern mussten nicht mehr Stein auf Stein setzen, Dächer, Zäune, Wege von eigener Hand schaffen. Das Geld der Touristen ermöglichte ihnen, teilzuhaben an Fortschritt, Automation und Komfort. Aber es zogen auch Missgunst und Neid in die Bergdörfer und in die Herzen der Menschen. Das Teilhaben am höheren Lebensstandard konnte plötzlich nicht mehr schnell genug gehen. Ich kenne Familien, die in der Saison ihre Wohnräume an die Touristen vermieten und mit ihren Kindern in die Waschküche umziehen. Sie mögen reicher sein, aber ärmer sind sie auch.

Immer ist es ein Kampf mit den Elementen, der Mauer und First ihre Gestalt gebietet. Seltsam ist der Anblick der Höfe an den stürmereichen Hängen, die selber auf Fels gebaut sind und deren Dächer zum Schutz vor dem Orkan mit Felsblöcken belastet sind.

Hans Leifhelm

Häufig entstehen neben den unrsprünglichen Almhütten Wochenend-häuser für die Städter aus der nächsten Umgebung.

Vom Findeln zum Matterhorn, Obergabelhorn und Zinalrothorn, Schweiz

Die Täler werden oft förmlich überschwemmt von Pensionen und Hotels.

Sestrière, Susatal, Italien

Die Sennerin macht den Käse nicht nur für sich und ihre Familie, sondern auch für die Touristen.

▲ St. Martin Kirche, Trafoital, Italien
► Sennerin beim Melken

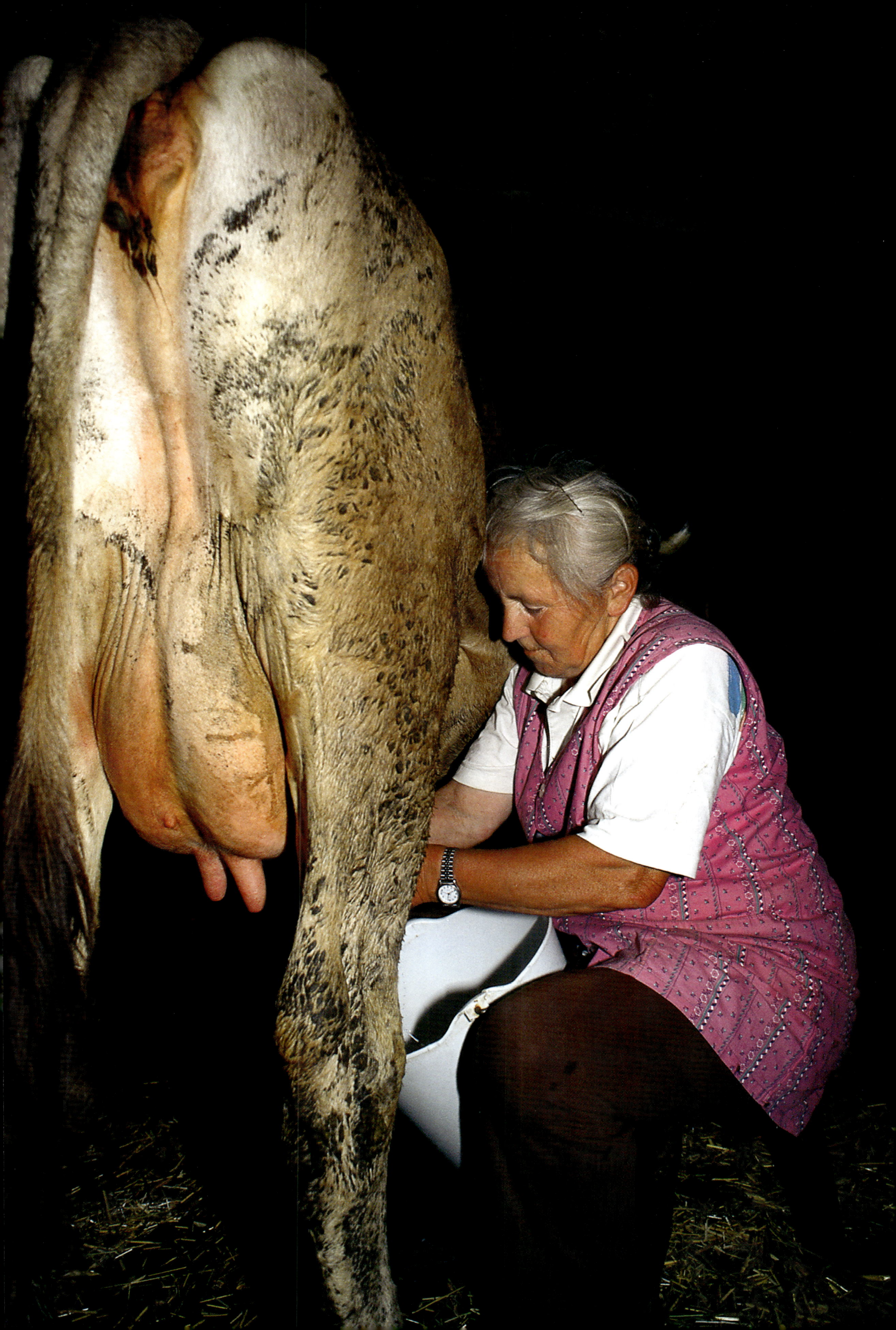

Zäune verfallen. Wie oft wird Brauchtum nur noch für die Urlauber inszeniert. Die Suche nach freier, unverbauter Landschaft wird zunehmend schwieriger.

▲ *Folkloregruppe unter den Geislerspitzen, Südtirol, Italien*
◀ *Nivolet, Gran Paradiso, Italien*
▶▶ *Totes Gebirge, Österreich*

Die wenigen in sich harmonischen Siedlungen und Gehöfte sind zum Anziehungspunkt erholungshungriger Städter geworden.

Le Monal und Mont Pourri, Frankreich

Zuerst entdeckt der Kletterer einen Gipfel, beobachtet ihn und denkt über ihn nach. Dann erst steigt er hinauf. Die Berge haben ihr eigenes Gesicht, gemeißelt von den Winden, von der Kälte, durch Jahrhunderte hindurch – so heben sie sich gegen den Himmel ab. Das macht ihre Anziehungskraft aus.

Gaston Rébuffat

DER ZERFALL VON WEGKREUZEN UND KULTURDENKMÄLERN IN DEN ALPEN HAT BEGONNEN.

◀ *Im Aostatal, Italien*

Bergbauern und Tourismus

Der Tourismus ist eine Belastung und Notwendigkeit zugleich für die Alpentäler.

Die Tatsache, dass ich in einem Südtiroler Bauerndorf aufgewachsen bin und heute noch dort lebe, macht es mir leichter, über die Menschen, die in den Alpentälern leben, zu schreiben. Durch Jahrhunderte hausten die Bergbauern in den Alpen von der übrigen Welt vollkommen abgekapselt. Heute werden sie durch die Technisierung der Landwirtschaft einerseits und den Tourismus andererseits – »Ferien auf dem Bauernhof« – mit einer ganz anderen Umwelt konfrontiert. Der Bauer, früher Patriarch und Selbsthersteller all dessen, was es zum Leben bedurfte, ist heute Arbeiter auf dem eigenen Hof, und vieles von dem, was er braucht – vom Linoleum bis zum Fernsehapparat –, kauft er in der Stadt. Dazu benötigt er Geld, das ihm der Hof oder die »Fremden« bringen müssen.
Um es zu verdienen, muss er rationalisieren, intensivieren, Fremdenzimmer herrichten, und nicht selten sitzen die Sommergäste in seiner alten, getäfelten Stube, während er mit seiner Familie in der neuen, städtischen Wohnküche isst.
Das Wirtschaftssystem in den Alpenregionen ist im Umbruch, der Mensch aber ist der Gleiche geblieben: freundlich, fleißig, misstrauisch und konservativ, fromm und gottergeben. Durch äußere Einflüsse unsicher geworden ist er im Geschmack, der früher unbestechlich war. Die alten Bräuche und Trachten pflegt er weniger aus Bauernstolz als der Fremden wegen.
Heute von den Bergbauern zu verlangen, sie sollten wieder zu ihrer alten Lebensweise zurückkehren, ist zu spät; es wäre unrealistisch und absurd, sie in ihren Lebensformen festzumauern.
So rosig, wie dem Städter im Zuge der »Zurück-zur-Natur-Bewegungen« das Leben der Bauern erscheinen mag, ist es nicht; war es sicher auch nie. Allein von 1869 bis 1910 verminderte sich die Bevölkerung der Höhenzonen Tirols (über 1000 Meter) trotz hoher Kinderzahlen um durchschnittlich 22 bis 37 Prozent. Trotz aller Anstrengungen waren die in der Berglandwirtschaft erzielten Erträge so gering, dass die Bevölkerung im Winter oft nur mit Mühe überleben konnte. Einzelne Bergbauerngemeinden haben in diesen fünf Jahrzehnten mehr als die Hälfte ihrer Bewohner verloren. Dazu kommt, dass die Entsiedlung im Hochgebirge – im Gegensatz zum Flachland – immer auch endgültige Verödung der Landschaft bedeutet.
Nun sollen also einerseits die Bergbauern dafür sorgen, dass uns Touristen die Alpen als Lebens- und vor allem Erholungsraum erhalten bleiben, und sich dabei andererseits vom Tourismus nicht »verderben« lassen, nicht teilhaben am großen Geschäft mit den Alpen. Seit Jahrzehnten sind Fremdenverkehrsmanager emsig darum bemüht, die Erwartungen freizeithungriger Menschen mit gut konfektionierten und werbewirksam verpackten Angeboten zu erfüllen. Um Urlaubern, dem Kunden also, Spaß, Kurzweil und Ausgelassenheit zu verkaufen, werden in die schönsten Berglandschaften Rummelplätze des Vergnügens und Jahrmärkte der Heiterkeit eingepflanzt und Wälder, Wiesen, ja ganze Täler dafür gerodet, als ob es gälte, die Alpen Stück für Stück zu einem gigantischen Freizeitpark nach dem Vorbild des Walt-Disney-Landes umzugestalten.
Zur Rechtfertigung dieser ständig vorwärts gepeitschten Erschließung um jeden Preis werden zwei Argumente sozialer Art ins Feld geführt: Dem Erho-

Im Eggental am Rosengarten, Südtirol, Italien

lung suchenden Gast müsste schließlich was geboten werden; die wirtschaftlich zurückgebliebenen Alpenregionen müssten unterstützt, erschlossen werden. Mit diesen Begründungen hat man in den letzten zwei Jahrzehnten die touristische Erschließung des Alpenraumes bis an die Grenzen der Belastbarkeit getrieben. Es steht außer Zweifel, dass diese Argumente schon in vielen Fällen ein Scheinmäntelchen sind, das die wahren Gründe zudecken soll. Wenn in Ferienorten, die seit Jahrzehnten weltbekannt sind, nach wie vor ohne jede Rücksicht auf die Umwelt Hotels und Vergnügungsstätten aller Art aus dem Boden gestampft werden, so geschieht dies längst nicht mehr zu Gunsten der wirtschaftlich zurückgebliebenen Einwohner, sondern ausschließlich aus Profil- und Profitsucht. Die Schatten dieser übersteigerten Entwicklung werden zusehends länger. In den obersten Etagen der Wirtschaftsimperien »Touristik, Freizeit, Sport« werden die Signale einer gewandelten Einstellung und die eigenen Beschränkungsmechanismen jedoch immer noch nicht genügend beachtet. Und die Alpen sind stellenweise schon mehr als überlastet.

Die Überflutung der Alpen mit erholungswütigen Urlaubern bleibt nicht ohne Einfluss auf die einheimische Bevölkerung. Die Jugend wird von der »Urlaubswelt« angezogen, es lockern sich die Beziehungen zu der übernommenen Ordnung. Die schleichenden Abbau- und Umbauprozesse auf der gesellschaftlichen Ebene führen zur Entwurzelung der nachrückenden Generation und begünstigen die Bergflucht.

Die Vernunft verlangt also, dass der Fremdenverkehr hart am Zügel gepackt wird und dass andererseits die wirtschaftliche Entwicklung der Berggebiete so gefördert wird, dass die Bergbauern die Möglichkeit haben, ihre eigene Lebensform weiterzuentwickeln, anstatt eine zu übernehmen, die ihnen fremd ist und die ihre Harmonie sowie das Verhältnis zu ihrer Umwelt stört.

Es rentiert sich bereits, auch in den Ostalpen viele Millionen Gulden in Gebäuden und Verkehrsmitteln anzulegen, die ausschließlich dem Fremdenverkehr dienen, dessen plötzliches Stocken die Länder ärger als Hochwasser und Missernte heimsuchen würde.

Erschließung der Ostalpen, 1893

Die Alpen sind ein einziges Naturwunder. Leider sind die schönsten und berühmtesten Stellen zu Tummelplätzen mit Strassen und Seilbahnen geworden.

► *Erdpyramiden in Percha, Pustertal, Italien*
► ► *Drei Zinnen, Südtirol, Italien*

Die gesicherten Klettersteige, die markierten Wege, die Hütten – sie sind eine Bereicherung, aber gleichzeitig auch ein Einschnitt in die Ursprünglichkeit der Landschaft.

Bocchette-Weg in der Brentagruppe, Italien

Zwischen Talgrund und Eisgipfeln schöpft der Mensch die Landschaft der Alpen aus.

Schloss Fénis, Aostatal, Italien

Auf viele Gipfel führt heute eine Seilbahn, durch fast alle Täler und Schluchten eine Strasse.

◀ *Stilfserjoch, Italien*
▲ *Strmec na Predelu, Triglav Nationalpark, Slovenien*

Hoch über dem einförmigen Talkessel steht der einsame Berg. Allein. Ein Felszacken von ganz ungeheuerlicher, unverständlicher Größe. In eisig kalter Ruhe blickt er auf das Leben da unten herab, wie ein Wahrzeichen aus einer anderen, größeren Welt.

Theodor Wundt

Ob die Landflucht wohl ohne den Tourismus aufzuhalten gewesen wäre?

St. Jakob, Vilnösstal, Italien

Mensch und Berg

Vor gut hundert Jahren schlossen sich die Bergsteiger in alpinen Vereinen zusammen: Sie bauten Hütten, markierten Wege, sicherten Steige.

Um den heutigen Standpunkt im Verhältnis Mensch – Berg bestimmen zu können, muss ich auf die Anfänge des Bergsteigens zurückgreifen.

Der Alpinismus ist aus dem Wunsch einiger Forscher und Abenteurer geboren worden, die Alpen kennen zu lernen, sie zu erobern und zu erschließen. In zweihundertjähriger Tätigkeit wurden Hütten gebaut, Straßen und Steige angelegt; fast alle Gipfel sind bestiegen. Heute stehen wir vor einer ausreichend erschlossenen, teilweise sogar überlaufenen Alpenlandschaft. Eine weitere Erforschung wäre für die Menschheit von geringer Bedeutung, in vieler Hinsicht sogar schädlich. Denn jede Erkundung löscht ein wenig von jener Ungewissheit, die wir da oben suchen – suchen, um unser ungenütztes Potenzial an Emotionen und Kraft zu erfahren. Was am Bergsteigen sinnvoll geblieben ist, ist die Möglichkeit, dass wir es tun können; auch heute noch. Für uns ist das Bergsteigen noch nicht getan! Wir haben es übernommen, als Tätigkeit übernommen, in der Technik verfeinert und betreiben es heute als Sport, als Spiel, als Ausgleich zum Alltagsleben, und so wie hunderttausende von Jugendlichen im Gammelleben ein Ventil gegen Frustration und Langeweile suchten, finden es einige andere im Bergsteigen.

Dennoch sind die Berge kein Ausweg aus unserem modernen, zum Teil unerfüllten Leben, aus einer gestörten Innenwelt, aus der Langeweile einer mechanisierten Arbeit; sie können ihn nur zeigen. Darin liegt die Bedeutung des Bergsteigens, nicht nur für die Jugend, nein, für die gesamte Menschheit. Die Wege und Möglichkeiten, die das Bergsteigen aufzeigt, sind einfach. Jeder kann sie lernen. Mehr noch, sie sind so bestechend, dass der Bergsteiger alle seine Freunde dafür begeistern möchte.

Der Vorwurf, es sei nicht tragbar, noch mehr Menschen ins Gebirge zu locken, ist unbegründet. Sicher, es gibt viele überlaufende Modegebiete, die sich kaum noch unterscheiden von den großen Städten. Es gibt aber noch viel mehr unbegangene Täler und Hochflächen, die noch Besucher verkraften. Es ist die Aufgabe der alpinen Vereine und der Bergsteigerschulen, die Menschen auf die Gefahren am Berg vorzubereiten – und nicht umgekehrt den Berg für die Menschen zu präparieren –, den Bergsteigerstrom im gesamten Alpenraum gleichmäßig zu verteilen und den Erholungsraum Alpen in seiner ursprünglichen Form zu erhalten.

Die Berge müssen einer breiten Schicht zugänglich gemacht werden, aber nicht mithilfe von Seilbahnen und Autostraßen, auch nicht unbedingt mit Hütten und markierten Wegen. Diese sind gegen den Lernprozess, den jede Bergfahrt auslöst: den Ausweg aus einem abgesicherten, nichts sagenden Leben in uns selbst zu finden.

Und wir brauchen ihn, diesen Ausweg; gerade weil wir in Wohlstand und Überfluss leben. Wer kann sich mit dieser reichen Welt schon zufrieden geben? Die Sicherheit, die sie uns aufzwingt, die künstlichen Bedürfnisse, die sie in uns weckt; die Jagd nach Geld und Wohlstand, in die sie uns treibt, erdrücken uns; sie nehmen uns die Luft zum freien Atmen. Wir werden bequem, fett; neigen immer mehr dazu, unser Leben in träger, schläfriger Weise zu genießen.

Viele junge Menschen lehnen sich heute gegen dieses Leben auf, ihre Vorwürfe treffen die Erwachsenen, die Pioniere:

»Die Alpen sind voller Autostraßen und Seilbahnen – kaputt.« Diejenigen, die sie gebaut haben, werfen den Jugendlichen vor, bequem zu sein, unfähig zur Anstrengung. Wie aber sollen junge Menschen Schwierigkeiten überwinden wollen, ohne solche noch erleben zu können? Man ist ja überall dabei, die Schwierigkeiten auszuschalten; auch in den Bergen Hotels statt Hütten zu errichten, Fahrwege anstelle von Wanderpfaden. Schwierigkeiten, die man überwinden kann, Gefahren, denen man ausweichen kann, Anstrengungen, die man auf sich nehmen kann, sich selbst zu beweisen oder anderen zu helfen – dies braucht der Mensch – obwohl er fieberhaft bemüht ist, alles das aus seiner Umwelt zu verbannen. Und weil der Mensch das braucht, sollten wir die Alpen erhalten; schon um die Möglichkeit offen zu lassen, die die Berge in dieser Richtung bieten wie kaum eine andere Landschaft. Man wirft jungen Leuten heute vor, sie seien denkunfähig und ohne kritisches Urteilsvermögen. Diese Vorwürfe kommen von den Erwachsenen, also genau von jenen, die die Jugend mit Werbeslogans und den Versicherungsagenturen in diese Bewusstlosigkeit gestürzt haben. Die junge Generation läuft Gefahr, in der Flutwelle des Überflusses unterzugehen. Sie tut nichts dagegen, weil sie nicht ertrinken kann; weil es an den ernsten Gefahren fehlt.
In den Bergen lernen wir das Einfache. Wir lernen, ohne dies primär zu wollen, die Zufriedenheit des schwierigen Lebens. Sicher hilft dies mit, abseits von all den Geschäften und Nebensächlichkeiten des täglichen Lebens zum Wesentlichen zu kommen, einfach zum eigenen Dasein.

Falkenhütte mit Lalidererwand, Karwendel, Deutschland

Die Erregung, die ich beim Überspringen der ersten Gletscherspalte und beim Passieren meiner ersten Schneebrücke empfand, war ohne Zweifel kaum weniger stark als später das Gefühl, das mich beim Betreten der Gipfel des Fitz Roy und des Makalu überwältigte.

Lionel Terray

MIT DEM MASSENTOURISMUS BEGANN DIE ZERSTÖRUNG, ABER AUCH DIE WIEDERBELEBUNG VIELER ALPENTÄLER.

Pra Didier, Valle Germanasca di Massello, Italien

◄ *Blick vom Aiguille du Midi, Frankreich*
▲ *Urner Alpen, Schweiz*
►► *Blick vom Sass Ciampac zur Sellagruppe, Italien*

Die Möglichkeiten in Fels und Eis sind für den Kletterer in den Alpen nahezu unbegrenzt. Allein in den Dolomiten gibt es so viele Gipfel, dass ein Bergsteigerleben nicht ausreicht, um auf allen gestanden zu haben.

▲ *Klettersteig, Brentadolomiten, Italien*
► *Auf der Pointe d'Orny unterwegs, mit den Aiguilles Dorées im Hintergrund, Schweiz*

Wandern, Klettersteige erklimmen, Gehen im steilen Fels, Gletschertouren. Nur wer sich langsam an die Berge herantastet, kommt dem Alpinismus näher, kann das Bergsteigen erlernen.

Glücklicherweise gibt es neben Rummelplätzen noch genügend stille Gipfel und Hochflächen.

▶ ***Campanile di Val Montanaia in der Gebirgskette von Monfalconi, Dolomiten, Italien***

Sich Gefahren auszusetzen ist nicht der Zweck des Spiels, doch gehören sie nun einmal dazu. Nur lange Erfahrung, eine Fülle von Beobachtungen, die nicht nur in der Erinnerung, sondern auch im Unterbewusstsein aufgespeichert werden, gestatten es manchen Bergsteigern, eine Art Instinkt auszubilden.

Lionel Terray

HÜTTEN GIBT ES INZWISCHEN GENUG IN DEN ALPEN – DIE URLANDSCHAFT IST RAR GEWORDEN.

Haute Route Chamonix-Zermatt, Wallis, Schweitz

Sport und Spiel

Alpinismus war ursprünglich die Bezeichnung für Alpenkunde, für die wissenschaftliche Erforschung der europäischen Alpen und deren Besteigung.
Heute ist dieses Wort eine allgemeine Bezeichnung für sportliches Wandern, Bergsteigen und extremes Klettern in allen Hochgebirgen unserer Erde.
Die Beschäftigung mit dem Hochgebirge von der Antike bis zur Mitte des 18. Jahrhunderts war weniger von Eroberungsgedanken geprägt als vielmehr von Angst und Respekt vor diesen Bergen. Bewunderung für das Hochgebirge zeigten dann Rigweda und Hannibal. Im frühen Mittelalter betrachtete man die Hochgebirge als das Reich der Drachen, Dämonen und Hexen. Im Zeichen einer neuen Naturanschauung unternahmen Dante und Petrarca im 14. Jahrhundert, Kaiser Maximilian I. und Leonardo da Vinci im 16. Jahrhundert Bergbesteigungen.
Aber erst die Touren und Veröffentlichungen der Schweizer Humanisten und Schriftsteller Conrad Gesner, Josias Simler, Johann Jakob Scheuchzer und Albrecht von Haller erweckten ein zunehmendes Interesse an der Erkundung der Alpenwelt, deren Schönheit schon die Maler der Renaissance gepriesen hatten.
Nach langen, von H. B. de Saussure geförderten Versuchen erreichten 1786 M. Paccard und J. Balmat den Gipfel des Mont Blanc. Dessen zweite Ersteigung am 3. August 1787 durch Saussure selbst gilt als »Geburtstag des Alpinismus«.
Die Anfänge dieses modernen Bergsteigens (»Eroberungsalpinismus«) reichen bis in die Mitte des 18. Jahrhunderts zurück, als zunächst Wissenschaftler, unterstützt von Einheimischen, die Alpenregionen erforschten. So nahm zum Beispiel Sir G. Shuckburgh 1777 trigonometrische Höhenmessungen am Mont Blanc vor; der Mineraloge D. de Gratet de Dolomieu erkundete die später nach ihm benannten Dolomiten. Fürstbischof Salm-Reifferscheid von Gurk richtete 1799 eine wissenschaftliche Expedition auf den Glockner aus. Erst mit der Gründung der Alpenvereine und dem Bau von Bergbahnen im letzten Drittel des 19. Jahrhunderts wurde der Alpinismus zum Volkssport; seinen ersten Höhepunkt erreichte er kurz nach der Jahrhundertwende, als fast alle Alpengipfel bestiegen waren.
Die zweite Welle des Alpinismus kündigte sich Ende der sechziger Jahre an. Wurde die Entwicklung im Bergsteigen – also Felsklettern, Gehen im Eis und im Hochgebirge – fast zwei Jahrhunderte lang durch die Einführung immer neuer zusätzlicher technischer Hilfsmittel bei der Lösung immer größerer bergsteigerischer Probleme (unbestiegene Gipfel, nicht bezwungene Wände usw.) bestimmt, so lässt sich jetzt eine Renaissance des Freikletterns erkennen, die Rückkehr zum klassischen Bergsteigen (Freizeitalpinismus).
Heute, im Zeitalter des Massenbergsteigens, sind nicht nur keine Gipfel mehr zu erobern; es sind auch nur wenige »jungfräuliche« Wände übrig geblieben. Also wird man wieder sportlicher, wie es seinerzeit – beim Mauerhakenstreit 1911 – Paul Preuß, der große Widersacher vom Techniker Hans Dülfer, forderte. Preuß hatte das Gerade-noch-frei-Kletterbare zur eigenen Leistungsgrenze erhoben und alle technischen Hilfsmittel abgelehnt. Er wollte das Bergsteigen zu einer Sportart mit festen Regeln machen, wobei die Sicherheit oberstes Prinzip sein sollte. Trotzdem ist er selbst abgestürzt:

bei einem Alleingang im Jahre 1913, am Mandelkogel in den Nördlichen Kalkalpen.

Ein sehr starker Trend zur Freikletterei im Stile eines Paul Preuß beginnt sich jetzt abzuzeichnen und die Sicherheit wird dabei nicht vernachlässigt. Nach dem ein gutes Jahrzehnt viel über Sicherheit und Sicherungsmethoden diskutiert wurde, werden diese nun, trotz reduzierten Einsatzes von technischen Hilfsmitteln, schulmäßig eingesetzt. Die heutige Bergsteigergeneration ist weniger risikofreudig als andere vor ihr, dafür sportlicher im Sinne von »fair play«.

»Stilreinheit« und »Disziplin des Risikos« sind die neuen, ganz bewusst verfolgten Ziele der Kletterer. Um diesen modernen Anforderungen gerecht zu werden, ist ein spezielles Training notwendig, zu dem sich viele – besonders ganz junge Kletterer – in den zahlreichen stadtnahen Klettergärten oder in den Vorbergen am Alpenrand treffen. Diese Trainingsfelsen dienen als Prüfstein für schwierige Touren und auch dazu, die Fingermuskeln zu stärken, die Kletterfertigkeit zu steigern.

In den Alpen, vor allem im Kaisergebirge und in den Dolomiten, bremsten bisher zwei Widersprüche eine natürliche Weiterentwicklung: einmal das Festhalten an der sechsgradigen Schwierigkeitsskala, die den obersten Grad, der schon vor fünfzig Jahren erstmals geklettert wurde, als »Limes«, (absoluter Grenzwert) definiert; zum anderen die Verwechslung von Sicherung und Sicherheit beim Bergsteigen.

Als ich im Sommer 1969 in meiner klettertechnischen Hochform die damals schwierigste Wand der Westalpen, die Droites-Nordwand, und wenige Wochen später die damals großzügigste Freikletterei der Ostalpen, die Philipp-Flamm-Verschneidung an der Civetta, allein durchstieg, fühlte ich mich dabei nicht weniger sicher als viele Jahre vorher bei meinen Kletteranfängen am relativ leichten Normalweg der Großen Fermedea.

Ich konnte bei diesen extrem schwierigen Alleingängen auf eine Sicherung großteils verzichten, weil ich mich eben sicher fühlte. Diese Sicherheit kam aus mir selbst.

Da nun mehr denn je trainiert wird, der siebte Grad offiziell anerkannt ist und ein achter bald folgen wird, bleiben die Alpen eine faszinierende Spielmöglichkeit für alle Bergsteiger.

Finsteraarhorn vom Agassizhorngipfel, Berner Oberland, Schweiz

Eine andere Sprache spricht jetzt das Hochgebirge – unheimlich kalt und wild stehen die zerrissenen Eiswände über den Abgründen, aus denen ein Gewirr dunkler Spalten und Gletscherbrüche drohend hinaufstarrt auf die Eisgrate, die noch funkeln im letzten Lichte der tief stehenden Sonne.

Arnold Fanck

Eis und Fels sind nicht nur für das Auge völlig verschieden, sie »riechen« auch anders.

Pizzo Cengalo und Pizzo Badile vom Bondascatal, Graubünden, Schweiz
►► Der Lérie-See auf dem Plateau d'Emparis mit Blick auf die Mejie, Frankreich

Am Mont Blanc sind es die gewaltigen Gletscher und die Höhe, die bestechen; beim Matterhorn ist es die Form.

Aiguille Noire und Mont Blanc von Entrèves aus, Frankreich

Die Berge haben immer noch etwas Magisches an sich.

Blick zum Mont Pelvoux vom Glacier Blanc, Frankreich

Nicht nur das Klettern in Eis und Fels macht mir Spass, sondern auch das Beobachten dieser beiden Elemente.

Glacier Blanc und Barre des Écrins, Frankreich

Die Alpen bieten alle Zwischenstufen – vom Klettergarten bis zum extremen Hochgebirge.

◀ *Cima di Pratofiorito, Ostwand, Brentadolomiten, Italien*
▲ *Die Ostwand des Watzmann, Deutschland*

Das Matterhorn, aus der Ferne von wunderbarer Schönheit, verliert seinen Zauber, je näher man ihm kommt. Aus der Nähe betrachtet, ist es nichts als eine gewaltige, von tausend Rinnen zerrissene Schiefermasse. Nichts bleibt von dem Schwung der tanzenden Flamme, die aller Schwere spottet. Dieser düstere Fels bröckelt ohne Unterlass in Staublawinen ab.

Lionel Terray

Klarer Himmel, warmer Fels – Spätherbst!
Einmal muss ich noch hinauf!

Die Scioragruppe im Bondascatal, Graubünden, Schweiz

Verantwortung und Gefahr

Dass das Bergsteigen ein gefährlicher »Sport« sein kann, ist bekannt. Aber viele Bergunfälle sind weniger der Gefährlichkeit des Bergsteigens als vielmehr der Unbesonnenheit und manchmal sogar der Dummheit der Bergsteiger zuzuschreiben.

Die erschreckend große Zahl tödlicher Bergunfälle der vergangenen Jahre ist auf drei Hauptursachen zurückzuführen: Erstens kommen alle Jahre mehr Menschen in die Alpen. Man kann geradezu von einem Boom des Bergwanderns und des leichten Kletterns sprechen.

Zweitens sind viele der bewegungs- und erholungshungrigen »Kraxler« ohne Ausbildung und Erfahrung am Berg unterwegs. Lawinen, Nebel, Gewitter und Wetterstürze haben deshalb oft schlimme Folgen.

Drittens sind viele Bergsteiger – das gilt für Neulinge ebenso wie für Routiniers – von alten Klischeevorstellungen geblendet. Auch im Zeitalter des Freizeitalpinismus steht Bergsteigen für Mutprobe, Todesverachtung, Männerspiel. Kein Wunder also, dass in den Alpen viele zwischen Umkommen und Durchkommen wandern, klettern, Hochtouren unternehmen.

Dabei ist das Bergsteigen, wenn man es kann, nicht gefährlicher als Reiten, Schwimmen oder Skifahren – wenn man es kann und sich bei der Wahl seiner Touren nicht von Ehrgeiz und Prestigedenken, sondern von der eigenen Erfahrung leiten lässt. Nirgends mehr als beim Bergsteigen gilt der Grundsatz: Das Können ist des Dürfens Maß! Auch extreme Bergsteiger sind keine Todessehnsüchtigen, die ihr Leben leichtfertig um eines Nervenkitzels willen aufs Spiel setzen – sie sind sich der Grenzen des Machbaren und ihres Könnens meist bewusst und überschreiten sie nicht.

Viele Städter aber, die nach zehn Monaten Stress und Bewegungsverzicht »den Gipfelkreuzen zustreben«, wissen gar nicht, was sie können. Mehr oder minder gut ausgerüstet beginnen sie den Run auf die Berge. Und schon beginnt die Katastrophe. Da rutscht einer über einen steilen Schotterhang, schlägt ungeschickt auf – tot. Ein anderer verirrt sich im Nebel, weil er vom markierten Weg abgekommen ist; verbringt die Nacht im Freien – erfriert oder stirbt aus Verzweiflung.

Nur ganz selten sind es die senkrechten Wände, in denen Tote zu beklagen sind. Wer sich so weit vorwagt, hat das Bergsteigen gelernt, sodass er meist lebend wieder herauskommt.

Bergsteigen kann man lernen, und der bewegungsungewohnte und technikverwöhnte Städter muss es lernen, wenn er es als verantwortbaren spielerischen Sport betreiben will. Die vielen Alpinschulen in den Alpen geben Gelegenheit dazu. So selbstverständlich es ist, dass der Anfänger einen Skikurs belegt und der Reitschüler nur im Beisein seines Lehrers aufs Pferd steigt, genauso selbstverständlich steigt weit mehr als die Hälfte aller Alpenurlauber ohne Alpinausbildung in den Bergen herum. Aus Erfahrung in meiner Kletterschule in den Südtiroler Dolomiten weiß ich, dass man das Bergsteigen langsam lernen muss; auch ist es wichtig, dass dabei keine Stufe übersprungen wird.

Gelernt werden muss dabei nicht nur die Bewegungs- und Klettertechnik. Der Mensch muss seinen verlorenen Instinkt der Natur gegenüber zurückgewinnen, um sich bei Wetterstürzen, Steinschlag

und Lawinengefahr richtig zu verhalten. Er muss seine Grenzen erkennen und akzeptieren lernen, muss es verstehen, seine Kräfte richtig einzuteilen, umzukehren, wenn er unsicher wird.
Dies alles kann man nur in jahrelangem Sich-an-die-Berge-Herantasten lernen. Wer glaubt, gleich in die Eiger-Nordwand gehen zu können, fällt am Beginn schon herunter. Nur wenn das Bergsteigen von dem Vorurteil, ein Verrücktspiel zwischen Grab und Gipfel zu sein, befreit wird und jeder es von Grund auf lernt, ist es als Massenbewegung verantwortbar. Es birgt dann alle Geheimnisse in sich, ein Ausgleichspuffer zum naturentfremdeten, bewegungsträgen Alltag zu sein.
Für mich ist das Bergsteigen eine Sportart mit kreativ-spielerischem Charakter. Mich reizt vor allem die schöpferische Möglichkeit daran. Es interessiert mich nicht, eine mit vorgegebenen und manifestierten Hilfsmitteln und Markierungspunkten versehene Route zum tausendsten Male nachzuklettern. Was mich reizt, ist die freie Wahl einer bestimmten Tour, die mich wegen ihrer ästhetischen Linie oder wegen bestimmter geschichtlicher Erwägungen fasziniert, ist das souveräne Klettern dieser Tour mit möglichst wenig Vorgaben – »by fair means«. Natürlich – wenn wir das Bergsteigen als Sport betreiben, wird der Ergeiz ein untrennbarer Begleiter. Er ist die Kraft, die antreibt und aktiviert. Eine erreichte Leistung akzeptiert der sportliche Mensch instinktiv nicht als oberste Grenze. Er sucht ständig nach höheren Zielen und neuen Rekorden. Dieser Trieb wohnt in uns allen, beim einen schwach, beim anderen stark ausgeprägt. Bedenklich im Sinne der Erhaltung unserer Natur und wohl auch im Sinne einer natürlichen Einstellung des

Menschen zu sich selbst wird es, wenn die Höchstmarken aus eigener Kraft nicht mehr überboten werden können und technische Hilfsmittel in zunehmend größerem und raffinierterem Umfang hinzugezogen werden.
Wenn jeder von uns alles, was er hochträgt, wieder mit ins Tal zurückbrächte, blieben die Wände und Gipfel nicht nur sauber, auch reizvoll für alle künftigen Generationen, so reizvoll sie für die vorangegangenen waren.

Das Gefühl für das Naturschöne als Ding an sich, losgelöst von grobsinnlichen Gefühlen, die Möglichkeit des reinen ästhetischen Genusses der Natur sind spät geborene Kinder in der Reihe der Empfindungen für das menschenleere und wilde Hochgebirge, für die Wüste und für die »Wolkenlandschaft«.

Henry Hoek

IST DIE GRENZE DER BELASTBARKEIT DER ALPEN SCHON ERREICHT? WENN NEBEL DIE TÄLER FÜLLT, DAS UNNATÜRLICHE ZUDECKEND, VERMAG ICH NICHT SO RECHT DARAN ZU GLAUBEN.

Drusenfluh und Kleiner Drusenturm, Graubünden, Schweiz

Trotz allem wird es auch weiterhin stille Bergseen und einsame Hochtäler geben.

Totes Gebirge, Österreich
►► Die Schluchten des Verdon, Frankreich

Wenn die Erholungsuchenden sich vernünftig verteilen würden, gäbe es noch Platz genug in den Alpen.

Odle, Vilnösstal, Italien

Seine Möglichkeiten und Grenzen muss der Mensch selbst erkennen und abstecken.

► Kletterei am Engelhörner, Berner Oberland, Schweiz
▲ Kajaksportler auf der Soca, Slowenien
►► Die Südflanke der Tofana di Rozes, Italien

Im Winter sind die Alpen abseits der Skizentren noch vielfach unberührt.

Alpe Perabello, Malencotal, Italien

Noch hat jeder die Wahl zwischen Piste und freier Landschaft.

▲ *Östliche Daumkogel von der Stubaier Wildspitze, Österreich*
▶ *Tiefschneefahrer bei der Silvrettagruppe, Österreich*

Unsere Aufgabe
ist nicht mehr
die Erschliessung,
sondern die
Erhaltung der
Alpen als
Urlandschaft.

*Vom Gornergrat
zum Monte Rosa,
Lyskamm und
Breithorn, Schweiz*

Wenn das Geheimnisvolle für viele aus unseren Alpen endgültig verbannt ist, wer ist daran schuld? Ein bis ins Kleinste erforschtes Ödland birgt keine alten Legenden mehr. Aber den schroffsten Wänden, die noch niemand berührt hat, Trotz zu bieten, das bedeutet noch Suche nach dem Mysterium.

Guido Magnone

WANN WIRD DER LETZTE GIPFEL VERBAUT SEIN? FINDET DOCH NOCH JEMAND DEN MUT, AN DEM ERSCHLIESSUNGSGEDANKEN DER ALPENVEREINSGRÜNDER ZU RÜTTELN?

Der Marmoladagipfel, Italien

Möglichkeiten und Grenzen

Die Bedeutung des Bergsteigens liegt darin, dass wir beim Bergsteigen Erkenntnisse über uns selbst gewinnen können. Diese Erkenntnisse gewinnen wir über persönliche Erfahrungen und Empfindungen, die eine Sache für sich sind, nicht weitergebbar, nicht übertragbar und kein Hinweis auf etwas anderes. Da das Bergsteigen nicht der Sinn unseres Lebens ist und die entsprechenden Empfindungen nicht übertragbar sind, ist Bergsteigen weder Lebensform noch Lebenshilfe, wenn man es aus dem allgemeinen Leben ausklammert. Bergsteigen als ausschließlicher Versuch, alle Spannungen und Probleme zu bewältigen, ist lebensfeindlich. Denn wir müssen lernen, das Leben als ein Ganzes zu sehen, ein Ganzes von unbegreiflicher Vielfalt und mit unzählbaren Möglichkeiten.

Betrachtet man nun das Bergsteigen als etwas, das zum Leben gehört, als eine dieser unzählbaren Möglichkeiten und nicht als etwas Besonderes, nach dem man sein ganzes Leben ausrichtet und auf das man alle seine Kräfte konzentriert – nicht als »Flucht aus der Stadt« oder als »romantische Lebensform« –, so kann es eine Art Katalysator für die Selbstfindung sein. Während unseres ganzen Lebens sind wir auf der Suche nach uns selbst; traurig ist nur, dass viele von uns sterben, bevor sie in diesem Sinne eigentlich geboren sind.

Zwischen Konsumterror und Leistungsdruck ist es heute so gefährlich, sich selbst zu versäumen, sich zu verlieren oder nie zu finden. Viele suchen ihr Glück in der Sattheit, im Konsumieren, den »Weg nach innen« finden sie nicht. Schon die Schule zwingt uns das finale Denken auf. Wir werden zu Erfolgsmenschen programmiert, die später gute Steuerzahler sein und dazu beitragen sollen, die »Lebensqualität« der Allgemeinheit zu erhöhen. Für mich aber bedeutet »Lebensqualität« nicht nur mehr freie Zeit, mehr Freiraum in der Wohnung und mehr Komfort, sondern in erster Linie mehr »Sein«; »Sein« im Gegensatz zum »Haben«.

Zum Bergsteigen braucht es sehr wenig, vor allem dann, wenn man es ganz unten beginnt und als Ursprung nicht irgendein ehrgeiziges Ziel, sondern sich selbst hat. Man braucht nicht unbedingt ein Ziel zum Bergsteigen, viel wichtiger ist es, offen und fähig zu authentischen Erfahrungen zu sein – und diese Erfahrungen gehören nur einem selbst. Damit sind wir beim Ego, beim Individuum. So gesehen, ist das Bergsteigen eine Art Egotrip, ein Marsch zu sich selbst. Dieser Egotrip steht nur scheinbar im Gegensatz zur viel gerühmten Bergkameradschaft, die für viele das idealistische Element am Bergsteigen darstellt. Wie sollte ein Mensch zu echter Freundschaft fähig sein, wenn er sich selbst nicht kennt, mit sich selbst nicht eins ist?

Die Bauern und Jäger aus der Steinzeit haben diese Freizeitbeschäftigungen noch nicht gebraucht, sie haben sich mit dem Boden, mit dem gejagten Tier, mit der Frucht aus der Erde so intensiv beschäftigt, dass sie sich darin wie eingebettet fühlten.

Erst die Verarmung im Leben der Industriegesellschaft hat das Bergsteigen notwendig gemacht! Und hier kann es uns zeigen, dass auch in dieser Lebensform authentische Erlebnisse möglich sind, wenn wir uns intensiv mit etwas beschäftigen können, wenn wir Geheimnisse und Begeisterung entwickeln.

Überall dort nämlich, wo sie geheimnisvoll ist, tut sich die Welt auf, lässt sie sich zurückerobern. Dort aber, wo wir rein final denken, wo wir alles erforschen, alles einteilen, alles in Besitz nehmen, ist kein Platz für Geheimnisse, und der Marsch zur Selbstverwirklichung, dem oft ein »Marsch ins Nirwana« vorausgeht, wird durch das sture Verfolgen eines Ziels verbaut.

Das Bergsteigen ist also ein ganz individuelles Erlebnis, das in seiner grenzenlosen Freiheit – und diese Freiheit ist wichtiger als das Ziel – fußt. Nicht der Alpenverein oder irgendeine andere alpine Vereinigung machen das Bergsteigen aus, sondern das Individuum, der einzelne Mensch, der in die Berge geht. Wenn sich die Bergsteiger zu organisierten Haufen zusammenschließen, führt die Autobahn geradewegs in den Zwang. Oft werden Vereine zu Lieferanten von Ersatzreligionen oder Ideologien, und ein Mensch, der einem Verein angehört, ist meist ein Mensch mit festgelegten Meinungen, oft unfähig, eigene Erfahrungen und authentische Erlebnisse zu haben. Besteht nicht heute schon die Gefahr, dass zum Beispiel der Alpenverein zu einer Art Erlebnisversicherung geworden ist?

Muss man dem Alpenverein deshalb eine andere Funktion geben? Braucht man ihn noch? Sollte man nicht die Hütten verfallen lassen; die Steige nicht mehr markieren; damit aufhören, Führer mit präzisen Routenbeschreibungen zu veröffentlichen; alle Seilbahnen und Straßenbauten im Erholungsraum Alpen verbieten? So, wie man mit den Bergen heute umgeht, besteht die Gefahr, dass sie durch Markierungsstriche, Seilbahnen, eine Unzahl von ständig bewirtschafteten Hütten, Bohrhaken verharmlost werden. Die vie

len Erholungsuchenden laufen Gefahr, dass sie als Gruppenmenschen nicht mehr erleben, weil sie sich im voraus zurechtlegen, was ein Erlebnis ist – oder, weil die Gruppe es erklärt. Alles läuft nach einem festgelegten Schema ab; Aufstieg über den Steig Nr. 35 zur Hütte sowieso und Abstieg über die Route 112. So wird die Möglichkeit zum Egotrip, der Weg zu sich selbst verbaut. Die Aufgabe alpiner Vereine kann es heute allein noch sein, Menschen als Individuen und alpin gut ausgebildet und geschult auf die Suche nach sich selbst in eine möglichst unberührte Bergwelt zu entlassen.

Viele von uns leiden darunter, dass sie im alltäglichen Leben ihre Fähigkeiten und ihre Energie nicht voll ausschöpfen können; sie hätten in den Bergen die Chance, sich zu fordern, zu entdecken. Authentisch und lange betrieben, kann das Bergsteigen Lebensangst und Langeweile heilen, ein Schlüssel zur Selbsterkenntnis sein; ein Scharfmacher auf den Egotrip. Aber – und deshalb kann Bergsteigen nie Lebensform, sondern höchstens Lebenshilfe sein – wir dürfen von den Bergen nicht erwarten, dass sie uns Sinn und Inhalt unseres Lebens liefern, so wenig wir das von unseren Mitmenschen erwarten dürfen. Dieser liegt allein in uns selbst.

Der Alpinismus kann natürlich gefährlicher sein als irgendein anderer Sport. Aber wenn man sorgfältig vorbereitet zu Berg geht und nur die Regeln der Vorsicht befolgt, wird aus dem Abenteuer im Gebirge etwas ganz anderes als blinde Tollkühnheit.

Walter Bonatti

SO PARADOX ES KLINGT – WENN ICH DIE SEILBAHNEN, STRASSEN, HÜTTEN IGNORIERE, EINFACH NICHT BEACHTE, SIND FÜR MICH DIE ALPEN IMMER NOCH SO, WIE SIE WAREN.

Spik, Norwand, Slowenien

Über Industriegebieten und Touristenzentren ragen Bergketten empor, die nichts von ihrer majestätischen Grösse verloren haben.

Blick vom Col de Coux zur Val d'Illiez und zu den Dents du Midi, an der französisch-schweizerischen Grenze
►► Blick vom Niederhorn, Schweiz

Landschaft, wie sie ursprünglich war.

Campanile Basso, Brentadolomiten, Italien

Der Blick lohnt die Mühe des Aufstiegs; die Offenheit für diese Welt lässt die Alpen immer wieder faszinierend werden.

Die Prisoyjnik-Gruppe im Triglav Nationalpark, Slowenien
►► Auf dem Blüemlisalphorn, Schweiz

Der Unterschied zwischen den Alpen von einst und den Alpen von heute ist nicht überall gleich gross und deprimierend.

Sonnenuntergang vom Laufbacher Eck, Allgäuer Alpen, Deutschland

►► Matterhorn, Schweiz

Nachwort

Als Kind bin ich auf die heimatlichen Berge hinaufgestiegen und sie erschienen mir wild, unerschlossen, unbegreiflich groß. Mit zunehmendem Alter bin ich weiter in den Alpen herumgekommen und habe immer öfter Seilbahnen, Hütten, markierte Wege benutzt. Erst später begann ich meine eigenen Wege zu gehen und abseits der Markierungen meine eigenen Routen zu suchen.
Das »Abenteuer Berg« verblasst schnell, wenn der Ehrgeiz den Geißfuß der Technik ansetzt. Ein Gebirge schrumpft, sobald man Hütten darin baut und ihm mit modernsten technischen Mitteln zu Leibe rückt.
Die Pioniere des Alpinismus tasteten sich vorsichtig bis zu den größten Höhen der Alpen vor, in kleinen Gruppen, einzeln. Sie erzählten fasziniert von den einsamen Höhen und lockten neue Abenteurer an. Sie lebten mit dem Unbekannten in Harmonie; doch dieses Unbekannte schrumpfte mit fortschreitender Erschließung der Alpen. Ein Gebirge erschöpft sich schnell, wenn der Mensch nicht bescheiden in der Anwendung seiner technischen Möglichkeiten bleibt, wenn es ihm mehr um den Gipfel geht als um sich selbst, um das Abenteuer. Wenn er aufhört, seine eigenen Kräfte einzusetzen, und Maschinen benützt, betrügt er sich selbst. Geräte und Techniken können einen Menschen auf den Gipfel eines Berges bringen, aber nicht zu wesentlichen Erfahrungen. Zu einem tieferen »Bergerlebnis« können sie ihm kaum verhelfen.
Die Gebirge waren geschaffen, so zu sein, wie sie die Pioniere vorfanden. Dennoch wurde und wird alles getan, um sie zu verändern, unserem Sicherheitsbedürfnis anzupassen. Wir brauchen unsere natürlichen Instimkte nicht mehr, um in den Bergen zurechtzukommen – es gibt ja von jeder Route genaue Beschreibungen, Sicherheitsvorkehrungen, markierte Wege und bewirtschaftete Hütten überall.
Nachdem unsere Urahnen die Urlandschaft der Alpen teilweise in eine Kulturlandschaft verwandelt hatten und harmonisch in dieser Landschaft lebten, versucht der Mensch des Industriezeitalters das Hochgebirge in Ketten zu legen, ein zahmes Erholungsgebiet aus ihm zu machen und Profit daraus zu ziehen.
Das Bergsteigen ist zum Modesport geworden. Wer »in« sein will, geht ins Gebirge. Man sammelt Gipfel wie ein Jäger seine Jagdtrophäen, gibt vor Freunden und Bekannten mit diesen »Gipfelsiegen« an und vergisst dabei das Wesentliche, nämlich sich selbst.
Trotzdem ist für mich das Bergsteigen in den Alpen nicht sinnlos geworden. Ich würde zu meinen heimatlichen Bergen zurückkommen; aber nicht mit allen erdenklichen Techniken. Ich würde einfach dorthin zurückkommen, wo ich gerne lebte, um wirklich zu leben, Erfahrungen über mich selbst zu gewinnen. Nicht einfach, um auf irgendeinem Gipfel gestanden zu haben. Auch würde ich neue Wege suchen, denn die Erfahrungen die auf bekannten Routen zu erreichen sind, sind schnell erschöpft.
Unsere Vorbilder – die Pioniere des Alpinismus – sind in die Alpen gegangen, weil das damals das Gebirge war, wohin man gehen sollte. Es ist ein hohes und weites Gebirge gewesen, und das Land war gut rundherum, doch wir haben es in wenigen Generationen geschafft, dieses Gebirge und vieles rundherum zu verstümmeln.

Jetzt scheint es an der Zeit, anderswo hinzugehen! Wir hatten schon immer das Recht, anderswo hinzugehen, dem Reiz des Neuen, dem Ruf der Ferne zu folgen. Und ich würde jetzt alles daheim lassen bis auf einen guten Freund und mit ihm zusammen anderswo hingehen. Sollen die anderen ruhig weiter in großen Gruppen und mit Hilfe der Technik ihre Gipfel stürmen.

Aber sie kommt wieder, ich weiss es, jene unsichtbare Kraft, die einen magnetisch zurückzieht. Und jetzt gilt es, auch in den Alpen anderswo hinzugehen, weg von den ausgetrampelten Pfaden, den bunten Markierungen, den einengenden Eisen und Seilen. Wir werden eine Route finden, die uns das Erlebnis des Unbekannten zuteil werden lässt, und wenn wir am Ende auf demselben Gipfel stehen, wie die anderen und dieser Gipfel denselben Namen hat – so sind wir doch auf einen anderen Berg gestiegen, unser Empfinden, unser Gefühl, unser Glück sagen es uns. Die Bergsteiger der guten alten Zeit sind immer irgendwohin gegangen, das Neue zu suchen und zu finden. Und es gibt auch heute in den Alpen noch Unentdecktes, noch hohe und weite Berge, auf die man steigen kann. Man muss nur wissen wie.

Aber nicht nur der eigene Weg, auch unser zunehmendes Alter lässt uns die Alpen neu sehen und erleben. Lionel Terray endete sein Buch »Die Eroberung des Unnützen« mit folgenden Worten: »... Kräfte und Mut nehmen langsam ab. Bald schon werden die Alpen für mich wieder zu jenen schrecklichen Gipfeln werden, die sie mir in meiner Jugend gewesen sind. Falls wirklich kein Fels, kein Eissturm und keine Spalte irgendwo auf dieser Erde meiner harren, den Lauf zu enden, wird der Tag kommen, an dem ich alt und müde den Frieden unter Tieren und bei Blumen finden werde. Dann hat sich der Kreis geschlossen, dann endlich bin ich der schlichte Hirte, der zu werden ich als Kind geträumt.«

Reinhold Messner wurde am 17. Oktober 1944 in Villnöss in Südtirol geboren. Als zweites von neun Kindern einer Lehrerfamilie wächst er in den Dolomiten auf und findet schon sehr früh Kontakt zu den Bergen. Später studiert er Hoch- und Tiefbau und unterrichtet als Lehrer das Fach Mathematik. Dazwischen jedoch lässt er keine Gelegenheit aus zu klettern, und die Liste seiner Erfolge nimmt bald einen stattlichen Umfang an. 1971 ziehen ihn die Berge endgültig in ihren Bann, und er lebt nun als freier Alpinist und bereist die Gebirge der ganzen Erde. Er hat rund 1800 Bergfahrten hinter sich, etwa 100 Erstbesteigungen durchgeführt und als einziger Mensch fünfmal einen Achttausender bestiegen. Der Nanga Parbat, die Manaslu-Südwand, die Aconcagua-Südwand, die Hidden-Peak-Nordwand gehören ebenso zu seinen Trophäen wie rund 500 Gipfel in den Alpen oder der höchste Berg der Welt, der Mount Everest, den er 1978 ohne Sauerstoffgerät besteigt.

Bergregister

Die Alpen im Internet

Berge der Alpen:
www.weltderberge.de

Deutscher Alpenverein:
www.alpenverein.de

Schweizer Alpen-Club:
www.sac-cas.ch

Die Suchmaschine für Berge und Alpenregionen:
www.alpen-lifestyle.com

Mineralien – Schätze unserer Alpen:
www.rohner.org

Mit dem Fahrad über die Pässe der Alpen:
www.radalp.de

Wellness und Urlaub in den Alpen:
www.alpenwellness.com

Panoramabilder der Alpen:
www.alpentower.ch

Webcams in den Alpen:
www.allgaeu-cam.de

European Alpine Information Network:
www.alpen3000.ch

Die Skigebiete der Alpen:
www.bergfex.at

Ferienunterkünfte:
www.alpenreisen.com

Leben in den Alpen:
www. alpenforum.org

Die Schweizer Alpen:
www.swissmountains.ch

LUXEMBURG
DEUTSCH
ANKREICH
SCHWEIZ
MONACO
LIECH
Compiègne
Soissons
Reims
Meaux
Épernay
Châlons-sur-Marne
Coulommiers
Sezanne
Vitry-le-François
St.-Dizier
Provins
Melun
Nemours
Troyes
Sens
Joigny
Chaumont
Auxerre
Tonnerre
Châtillon-sur-Seine
Langres
Longwy
Esch-sur-Alzette
Dudelange
Thionville
Metz
Verdun
St.-Avold
Bar-le-Duc
Toul
Nancy
Lunéville
Neufchâteau
Épinal
Remiremont
Sarrebourg
Saarbrücken
Saarlouis
Merzig
Mettlach
Neunkirchen
Kaiserslautern
Pirmasens
Haguenau
Strasbourg
Kehl
Mannheim
Ludwigshafen
Heidelberg
Speyer
Neustadt
Eberbach
Mosbach
Eppingen
Bretten
Heilbronn
Karlsruhe
Pforzheim
Baden-Baden
Gaggenau
Sindelfingen
Stuttgart
Ludwigsburg
Backnang
Esslingen
Göppingen
Tübingen
Reutlingen
Nagold
Freudenstadt
Offenburg
Achern
Bad Urach
Blaubeuren
Rottweil
Villingen-Schwenningen
Sigmaringen
Saulgau
Ravensburg
Tuttlingen
Donaueschingen
Freiburg
Emmendingen
Breisach am Rhein
Müllheim
Schopfheim
Lörrach
Colmar
Sélestat
St.-Dié
Mulhouse
Belfort
Montbéliard
Vesoul
Grd. Ballon 1424
Feldberg 1493
Basel
Reinach
Rheinfelden
Liestal
Schaffhausen
Konstanz
Bodensee
Friedrichshafen
Romanshorn
Arbon
Winterthur
Frauenfeld
Kloten
Gossau
Wetzikon
Herisau
Sankt Gallen
Appenzell
Zürich
Rapperswil
Pfäffikon
Zug
Einsiedeln
Küssnacht am Rigi
Buchs
Vaduz
Sargans
Glarus
Schwyz
Luzern
Aarau
Dietikon
Wohlen
Zofingen
Olten
Langenthal
Huttwil
Burgdorf
Solothurn
Biel
Lyss
Bern
Neuchâtel
La Chaux-de-Fonds
Porrentruy
Delémont
Moutier
St.-Imier
Fleurier
Pontarlier
Dijon
Beaune
Dole
Besançon
Gray
Clamecy
Cosne-Cours-sur-Loire
Nevers
Decize
Autun
Chagny
Chalon-sur-Saône
Montceau-les-Mines
Luzy
Digoin
Paray-le-Monial
Moulins
Lons-le-Saunier
Champagnole
Yverdon-les-Bains
Payerne
Fribourg
Münsingen
Thun
Spiez
Interlaken
Brienz
Sarnen
Stans
Altdorf
Amsteg
Flims
Chur
Disentis/Mustér
Andermatt
Vals
Thusis
Filisur
Olivone
San Bernardino
Biasca
Chiavenna
Bellinzona
Locarno
Lugano
Cevio
Ambri
Frutigen
Bulle
Lausanne
Morges
Nyon
Genève
Thonon-les-Bains
Montreux
Monthey
Sion
Sierre
Brig-Glis
Martigny
Les Haudères
Domodóssola
Verbània
Omegna
Varese
Como
Chiasso
Cantù
Lecco
Finsteraarhorn 4274
Mt. Rosa 4634
Mont-Blanc 4709
Gran Paradiso 4061
Lac Léman
Bodensee
L. Maggiore
L. di Como
Berner Alpen
Walliser Alpen
Alpi Pennine
Schweizer Jura
Vosges
Schwarzwald
Alpen
Alpi Cozie
Rätische Alpen
Mâcon
Bourg-en-Bresse
Oyonnax
St.-Claude
Bellegarde-sur-Valserine
Annemasse
Annecy
Ambérieu-en-Bugey
Chamonix-Mont-Blanc
Courmayeur
Aosta
Villefranche-sur-Saône
Lyon
Villeurbanne
Vénissieux
Vienne
Tarare
Roanne
Vichy
Thiers
Clermont-Ferrand
Montbrison
St.-Just-St.-Rambert
St.-Chamond
St.-Étienne
Massiac
St.-Flour
Le Puy-en-Velay
Mt. Mézenc 1753
Langogne
Mende
Aubenas
Montélimar
Die
Valence
Romans-sur-Isère
Grenoble
Gières
Voiron
Chambéry
Albertville
Moûtiers
Val-d'Isère
Modane
Susa
Oulx
Briançon
Guillestre
Gap
Sisteron
Serres
Digne-les-Bains
Castellane
Grasse
Draguignan
Fréjus
St.-Raphaël
St.-Tropez
Cannes
Antibes
Nice
Menton
Monaco
Ventimiglia
San Remo
Imperia
Albenga
Savona
Génova
Arenzano
Rapallo
Chiavari
La Spézia
Biella
Borgomanero
Ivrea
Novara
Vercelli
Vigévano
Busto Arsizio
Legnano
Saronno
Seregno
Monza
Sesto San Giovanni
Bérgamo
Rho
Milano
Lodi
Pavia
Codogno
Cremona
Mortara
Casale Monferrato
Voghera
Piacenza
Alessandria
Novi Ligure
Acqui Terme
Monte Maggiorasca 1799
Chivasso
Settimo Torinese
Venaria Reale
Rivoli
Torino
Moncalieri
Ceres
Pinerolo
Asti
Alba
Bra
Saluzzo
Acceglio
Cúneo
Borgo San Dalmazzo
Mondovì
Fidenza
Bollène
Bagnols-sur-Cèze
Alès
Orange
Avignon
Ganges
Nîmes
Beaucaire
Tarascon
Cavaillon
Apt
Arles
Montpellier
Sète
Agde
Aix-en-Provence
Martigues
Marseille
Aubagne
La Ciotat
La Seyne-sur-Mer
Toulon
Brignoles
Hyères
Îles d'Hyères
Golfe du Lion
Côte d'Azur
Riviera di Ponente
Riviera di Levante
Golfo di Genova
LIGURISCHES MEER
Ísola di Gorgona
Bastia
L'Île-Rousse
Calvi
Loire
Allier
Saône
Rhône
Seine
Marne
Aube
Yonne
Meuse
Moselle
Durance
Isère
Drôme
Ardèche
Doubs
Ain
Verdon
Var
Po
Tánaro
Ticino
Sesia
Rhein
Aare
Neckar
Cévennes

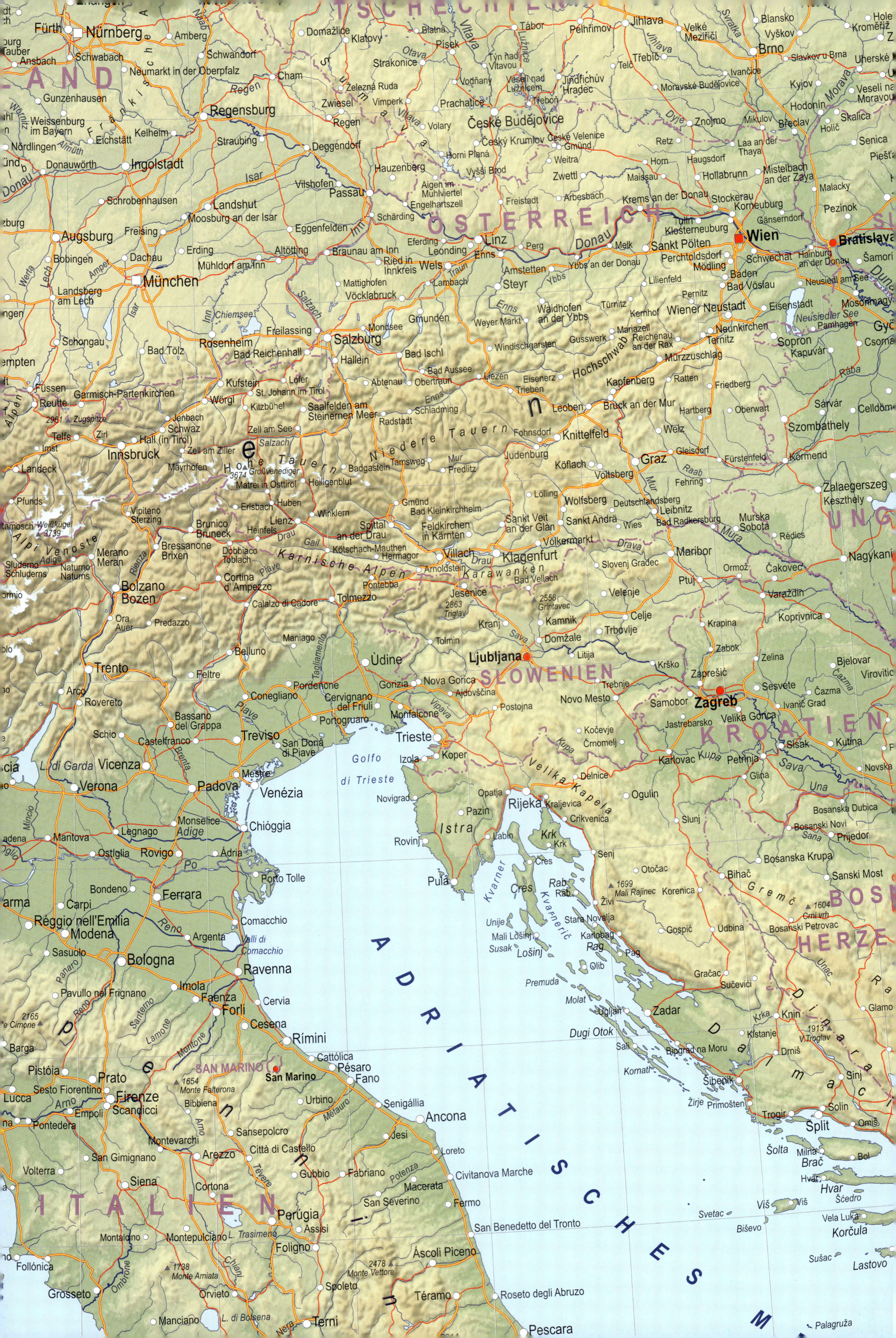

TSCHECHIEN
Fürth
Nürnberg
Amberg
Domažlice
Klatovy
Blatná
Písek
Tábor
Pelhřimov
Jihlava
Velké Meziříčí
Blansko
Vyškov
Brno
Ansbach
Schwabach
Neumarkt in der Oberpfalz
Schwandorf
Cham
Strakonice
Třebíč
Telč
Slavkov u Brna
Gunzenhausen
Regen
Zwiesel
Vimperk
Prachatice
Jindřichův Hradec
Moravské Budějovice
Kyjov
Hodonín
Weissenburg im Bayern
Eichstätt
Kelheim
Regensburg
České Budějovice
Volary
Český Krumlov
Znojmo
Mikulov
Břeclav
Nördlingen
Straubing
Deggendorf
Horní Planá
Laa an der Thaya
Donauwörth
Ingolstadt
Hauzenberg
Retz
Hollabrunn
Mistelbach an der Zaya
Malacky
Passau
Vilshofen
Zwettl
Krems an der Donau
Stockerau
Korneuburg
Pezinok
Schrobenhausen
Landshut
Moosburg an der Isar
Freistadt
Gänserndorf
Augsburg
Freising
Eggenfelden
Schärding
ÖSTERREICH
Tulln
Klosterneuburg
Wien
Bratislava
Bobingen
Dachau
Erding
Altötting
Braunau am Inn
Eferding
Linz
Enns
Perg
Donau
Melk
Sankt Pölten
Perchtoldsdorf
Schwechat
Hainburg an der Donau
Šamorín
München
Mühldorf am Inn
Ried im Innkreis
Wels
Leonding
Amstetten
Ybbs an der Donau
Mödling
Baden
Bad Vöslau
Landsberg am Lech
Mattighofen
Vöcklabruck
Lambach
Steyr
Lilienfeld
Neusiedl am See
Pernitz
Eisenstadt
Mosonmagyaróvár
Chiemsee
Gmunden
Waidhofen an der Ybbs
Wiener Neustadt
Neusiedler See
Freilassing
Salzburg
Mondsee
Weyer Markt
Türnitz
Neunkirchen
Ternitz
Sopron
Kapuvár
Schongau
Rosenheim
Bad Reichenhall
Hallein
Bad Ischl
Windischgarsten
Gusswerk
Mariazell
Reichenau an der Rax
Mürzzuschlag
Bad Tölz
Hochschwab
Füssen
Reutte
Garmisch-Partenkirchen
Kufstein
Lofer
Abtenau
Bad Aussee
Liezen
Eisenerz
Trieben
Kapfenberg
Ratten
Friedberg
Wörgl
St. Johann im Tirol
Kitzbühel
Saalfelden am Steinernen Meer
Radstadt
Schladming
Leoben
Bruck an der Mur
Hartberg
Oberwart
Szombathely
Zugspitze
Jenbach
Schwaz
Zell am See
Niedere Tauern
Fohnsdorf
Knittelfeld
Weiz
Telfs
Zirl
Hall (in Tirol)
Innsbruck
Zell am Ziller
Salzach
Badgastein
Tamsweg
Mur
Judenburg
Köflach
Graz
Gleisdorf
Fürstenfeld
Körmend
Imst
Landeck
Mayrhofen
Hohe Tauern
Großvenediger
Matrei in Osttirol
Heiligenblut
Predlitz
Voitsberg
Fehring
Zalaegerszeg
Keszthely
Pfunds
Erlsbach
Huben
Gmünd
Bad Kleinkirchheim
Lölling
Wolfsberg
Deutschlandsberg
Leibnitz
Bad Radkersburg
Murska Sobota
Vipiteno
Sterzing
Brunico
Bruneck
Lienz
Winklern
Spittal an der Drau
Feldkirchen in Kärnten
Sankt Veit an der Glan
Sankt Andrä
Wies
Rédics
Nagykanizsa
Bressanone
Brixen
Heinfels
Dobbiaco
Toblach
Kötschach-Mauthen
Hermagor
Villach
Klagenfurt
Völkermarkt
Drava
Maribor
Merano
Meran
Naturno
Naturns
Karnische Alpen
Arnoldstein
Karawanken
Bad Vellach
Slovenj Gradec
Ormož
Čakovec
Bolzano
Bozen
Cortina d'Ampezzo
Pontebba
Jesenice
Grintavec
Triglav
Ptuj
Varaždin
Ora
Auer
Predazzo
Calalzo di Cadore
Tolmezzo
Kranj
Kamnik
Celje
Velenje
Trbovlje
Krapina
Koprivnica
Maniago
Tolmin
Domžale
Ljubljana
Litija
Zabok
Belluno
Údine
Zelina
Bjelovar
Trento
Feltre
Pordenone
Gorizia
Nova Gorica
Ajdovščina
SLOWENIEN
Trebnje
Krško
Zaprešić
Sesvete
Čazma
Arco
Rovereto
Conegliano
Cervignano del Friuli
Postojna
Novo Mesto
Samobor
Zagreb
Ivanić Grad
Bassano del Grappa
Monfalcone
Jastrebarsko
Velika Gorica
KROATIEN
Schio
Castelfranco
Treviso
Portogruaro
Trieste
Kočevje
Črnomelj
Sisak
Kutina
L. di Garda
Vicenza
San Donà di Piave
Golfo di Trieste
Izola
Koper
Karlovac
Petrinja
Verona
Padova
Mestre
Venézia
Novigrad
Opatija
Rijeka
Kraljevica
Crikvenica
Delnice
Ogulin
Glina
Novska
Mantova
Legnago
Monselice
Adige
Chióggia
Rovinj
Istra
Pazin
Labin
Krk
Slunj
Bosanska Dubica
Bosanski Novi
Prijedor
Ostiglia
Rovigo
Ádria
Po
Senj
Otočac
Bosanska Krupa
Bondeno
Porto Tolle
Pula
Kvarner
Cres
Rab
Mali Rajinec
Korenica
Bihać
Sanski Most
Ferrara
Carpi
Réggio nell'Emilia
Modena
Comacchio
Argenta
Reno
Unije
Mali Lošinj
Lošinj
Susak
Kvarnerić
Stara Novalja
Karlobag
Pag
Gospić
Udbina
Bosanski Petrovac
BOSNIEN-HERZEGOWINA
Sasuolo
Bologna
Ravenna
Premuda
Olib
Gračac
Pavullo nel Frignano
Imola
Faenza
Forlì
Cervia
Cesena
ADRIATISCHES MEER
Molat
Ugljan
Zadar
Sučević
Knin
Rímini
Dugi Otok
Sali
Biograd na Moru
Kistanje
Drniš
Troglav
SAN MARINO
San Marino
Cattólica
Pésaro
Fano
Kornati
Šibenik
Dalmatien
Dinara
Pistóia
Prato
Monte Falterona
Sinj
Sesto Fiorentino
Firenze
Bibbiena
Urbino
Žirje
Primošten
Trogir
Solin
Split
Omiš
Lucca
Empoli
Scandicci
Senigállia
Ancona
Pontedera
Montevarchi
Sansepolcro
Jesi
Šolta
Milna
Brač
Città di Castello
Loreto
Hvar
San Gimignano
Arezzo
Gubbio
Fabriano
Civitanova Marche
Bol
Volterra
Siena
Cortona
Macerata
Jelsa
Šćedro
ITALIEN
Perúgia
Assisi
San Severino
Fermo
Vis
Svetac
Biševo
Vela Luka
Korčula
L. Trasimeno
Montalcino
Montepulciano
Foligno
San Benedetto del Tronto
Sušac
Lastovo
Follónica
Monte Amiata
Monte Vettore
Áscoli Piceno
Grosseto
Orvieto
Spoleto
Téramo
Roseto degli Abruzzo
Manciano
L. di Bolsena
Terni
Pescara
Palagruža

Die höchsten Berge der Alpen

1. Mont Blanc	4807 m	Frankreich/Italien	32. Balmenhorn	4167 m	Schweiz/Italien
2. Dufourspitze	4634 m	Schweiz/Italien	33. Breithorn	4164 m	Schweiz/Italien
3. Norend	4609 m	Schweiz/Italien	34. Bishorn	4153 m	Schweiz
4. Zumsteinspitze	4563 m	Schweiz/Italien	35. Jungfrau	4158 m	Schweiz
5. Signalkuppe	4556 m	Schweiz/Italien	36. Aiguille Verte	4122 m	Frankreich
6. Dom	4545 m	Schweiz	37. Aiguille Blanche	4112 m	Italien
7. Liskamm	4527 m	Schweiz/Italien	38. Grande Rocheuse	4102 m	Frankreich
8. Weisshorn	4505 m	Schweiz	39. Barre des Ecrins	4101 m	Frankreich
9. Taeschhorn	4490 m	Schweiz	40. Mönch	4099 m	Schweiz
10. Matterhorn	4478 m	Schweiz/Italien	41. Pollux	4092 m	Schweiz/Italien
11. Mont Maudit	4465 m	Frankreich	42. Schreckhorn	4078 m	Schweiz
12. Parrotspitze	4436 m	Schweiz/Italien	43. Obergabelhorn	4063 m	Schweiz
13. Dent Blanche	4356 m	Schweiz	44. Gran Paradiso	4061 m	Italien
14. Nadelhorn	4327 m	Schweiz	45. Mont Brouillard	4053 m	Italien
15. Schwarzhorn	4322 m	Schweiz/Italien	46. Aiguille de Bionassay	4052 m	Frankreich
16. Grand Combin	4314 m	Schweiz	47. Piz Bernina	4049 m	Schweiz/Italien
17. Ludwigshöhe	4311 m	Schweiz/Italien	48. Fiescherhorn	4049 m	Schweiz
18. Lenzspitze	4294 m	Schweiz	49. Grünhorn	4044 m	Schweiz
19. Finsteraarhorn	4273 m	Schweiz	50. Lauteraarhorn	4042 m	Schweiz
20. Mont Blanc du Tacul	4248 m	Frankreich	51. Aiguille du Jardin	4035 m	Frankreich
21. Stecknadelhorn	4241 m	Schweiz	52. Dürrenhorn	4035 m	Schweiz
22. Castor	4228 m	Schweiz/Italien	53. Allalinhorn	4027 m	Schweiz
23. Zinalrothorn	4221 m	Schweiz	54. Hinter-Fiescher-horn	4025 m	Schweiz
24. Hohberghorn	4219 m	Schweiz	55. Weißmies	4023 m	Schweiz
25. Vincent Piramide	4215 m	Italien	56. Dome de Rochefort	4015 m	Frankreich
26. Grandes Jorasses	4208 m	Frankreich/Italien	57. Dent du Geant	4013 m	Frankreich
27. Alphubel	4206 m	Schweiz	58. Punta Baretti	4013 m	Italien
28. Rimpfischhorn	4199 m	Schweiz	59. Lagginhorn	4010 m	Schweiz
29. Aletschhorn	4195 m	Schweiz	60. Les Droites	4000 m	Frankreich
30. Strahlhorn	4190 m	Schweiz			
31. Dent d'Herens	4171 m	Schweiz/Italien			

Impressum
Sonderausgabe für Gondrom Verlag, Bindlach 2002

Produktion: Sigloch Media Service, Blaufelden
Alle Fotos von: Alessandro Gogna, Marco Milani, Federico Raiser
Papier: 135 g/m² Finesse 300 UPM-Kymmene Fine Paper GmbH
Buchbinderei: Sigloch Buchbinderei, Blaufelden
ISBN: 3-8112-2080-2